面向 21 世纪创新型电子商务专业系列

电子商务基础实务

主　编　曹振华　薛　聪

副主编　贾　玮　王秀玲

中国水利水电出版社
www.waterpub.com.cn

内 容 提 要

本书主要以小丽由一个初学者逐渐成为创业高手的历程为主线,通过具体的项目教学方式进行编写,包括初始电子商务、了解电子商务模式、体验电子商务购物、电子商务支付与安全、网络营销、电子商务物流、网上开店等项目,每一个项目都以项目情景设计为主线,包括项目目标、项目分析、任务导入、任务分析、任务实施、项目总结、技能训练,由浅入深,条理清晰,既有相对应的理论知识介绍,又注重实践能力的培养。

本书既可以作为高职高专、成人教育院校、中职电子商务专业的教材,也可以作为职业技能培训和电子商务领域相关从业者的自学读本。

图书在版编目(CIP)数据

电子商务基础实务 / 曹振华,薛聪主编. -- 北京:中国水利水电出版社,2015.8(2017.9 重印)
(面向21世纪创新型电子商务专业系列)
ISBN 978-7-5170-3625-8

Ⅰ. ①电… Ⅱ. ①曹… ②薛… Ⅲ. ①电子商务-高等学校-教材 Ⅳ. ①F713.36

中国版本图书馆CIP数据核字(2015)第215220号

策划编辑:石永峰 向 辉　　责任编辑:陈 洁　　封面设计:李 佳

书　　名	面向 21 世纪创新型电子商务专业系列 电子商务基础实务
作　　者	主　编　曹振华　薛　聪 副主编　贾　玮　王秀玲
出版发行	中国水利水电出版社 (北京市海淀区玉渊潭南路1号D座　100038) 网址:www.waterpub.com.cn E-mail: mchannel@263.net(万水) 　　　　sales@waterpub.com.cn 电话:(010)68367658(发行部)、82562819(万水)
经　　售	北京科水图书销售中心(零售) 电话:(010)88383994、63202643、68545874 全国各地新华书店和相关出版物销售网点
排　　版	北京万水电子信息有限公司
印　　刷	三河市鑫金马印装有限公司
规　　格	184mm×260mm　16开本　9.25印张　223千字
版　　次	2015年8月第1版　2017年9月第2次印刷
印　　数	3001—6000册
定　　价	22.00元

凡购买我社图书,如有缺页、倒页、脱页的,本社发行部负责调换

版权所有·侵权必究

面向 21 世纪创新型电子商务专业系列
编审委员会成员名单

主 任 委 员：孟西林

副主任委员：樊二刚　　张苏丰

委　　　员：（按拼音顺序排列）

白晓强	曹　源	曹振华	方　辉	古春杰
郭卫民	郭子锋	侯冬玲	侯联营	贾　玮
蒋永丛	李　洋	李国英	李海龙	李继锋
李少杰	李万方	刘　丽	鲁锡杰	马　楠
马顺喜	南志光	聂　静	聂卫献	彭显云
齐英兰	邱　鹏	任冬阳	石永峰	宋沛军
苏　勇	孙　勇	仝新顺	汪　泉	王　凯
王　千	王聚仓	王丽丽	王利冬	王庆浩
王铁桩	吴金恒	吴瑞杰	伍　玫	武化岩
夏　鑫	肖丽平	谢瑞红	辛　锋	邢飞红
徐　征	许　燕	许国富	薛　聪	杨　森
杨万杰	姚红超	张滨燕	张钟辉	赵　亮
赵　鹏	周宜游	朱添福	祝　娟	

秘　　　书：郭增茂　　向　辉

序　言

　　电子商务作为基于信息技术和互联网的新型商务活动，近年来在全球范围内以前所未有的速度迅猛发展，并逐步向研发、生产、流通、消费等实体经济活动渗透，成为生产生活方式变革的重要推动力。中国电子商务研究中心统计数据显示，2014年我国电子商务市场交易规模达13.4万亿元，同比增长31.4%，电子商务服务企业直接从业人员超过250万人，间接带动的就业人数超过1800万人。

　　河南地处中原，是重要的人口大省、经济大省和新兴工业大省，电子商务发展具有明显的区域优势、良好的产业基础和广阔的市场空间。打造中西部区域性电子商务中心，是省委、省政府根据河南经济和社会发展实际作出的重大决策，而人才培育则是实现这一战略目标的关键保障。

　　为贯彻《国务院关于加快发展现代职业教育的决定》（国发〔2014〕19号）、《河南省人民政府关于印发河南省职业教育校企合作促进办法（试行）的通知》（豫政〔2012〕48号）和《河南省人民政府关于创新机制体制进一步加快职业教育发展的若干意见》（豫政〔2012〕49号）要求，建立政府推动、行业协会协调、企业与职业院校共同参与的多元化校企合作机制，推动课程内容与职业标准对接、教学过程与生产过程对接，由河南省工业和信息化委员会、河南省教育厅、河南省电子商务行业职业教育校企合作指导委员会组织职业院校专家和电子商务行业专家共同编写了面向21世纪创新型电子商务专业系列教材。教材以行业需求为导向，旨在发挥职业院校和行业专家的各自优势，促进电子商务职业教育培养模式优化，加快电子商务专业型、实用型和复合型人才培养，提高服务产业发展的能力。由于时间仓促和学识限制，教材编写难免有所疏漏或不足之处，希望广大读者提出宝贵意见和建议。

　　最后，谨向教材出版过程中付出辛勤劳动的中国水利水电出版社致以真诚的感谢！

河南省工业和信息化委员会副主任、河南省电子商务
行业职业教育校企合作指导委员会主任　孟西林
2015年6月

前　　言

近年来，电子商务伴随着互联网的广泛应用而得到了迅猛的发展，我国的电子商务正进入高速发展阶段。电子商务人才严重短缺，该行业的人才缺口很大，预计我国在未来 10 年大约需要 200 万名电子商务专业人才，而我国目前包括各类院校和培训机构每年输出的电子商务人才数量不到 10 万人。

本书旨在为适应经济发展对电子商务人才的需求而编写。本书按照"理实一体，情境设计，行动导向，实训驱动"的原则，根据现代企业电子商务工作中岗位设置、任务分工及业务流程的要求，重点对初始电子商务、了解电子商务模式、体验电子商务购物、电子商务支付与安全、网络营销等进行介绍。

本书在内容选择上，主次分明，重点突出，循序渐进，文字精练，步骤清晰，通俗易懂。学习者通过技能实训练习，可以快捷、直接、简单地掌握电子商务核心技能。

本书由曹振华、薛聪任主编，贾玮、王秀玲任副主编，参与编写的还有范永艳、余万等。

由于编者水平有限，且时间仓促，书中难免存在疏漏和不妥之处，敬请批评指正。

编　者
2015 年 6 月

目 录

序言
前言

项目一　初识电子商务 …………………… 1
任务1　认识电子商务 ……………………… 1
一、任务导入 ……………………………… 1
二、任务分析 ……………………………… 2
三、知识百宝箱 …………………………… 2
四、任务实施 ……………………………… 7
任务2　分析电子商务组成要素 ……………… 9
一、任务导入 ……………………………… 9
二、任务分析 ……………………………… 9
三、知识百宝箱 …………………………… 9
四、任务实施 ……………………………… 10
任务3　分析电子商务的特点、优势、功能及影响 …………………………………… 12
一、任务导入 ……………………………… 12
二、任务分析 ……………………………… 12
三、知识百宝箱 …………………………… 12
四、任务实施 ……………………………… 17

项目二　了解电子商务模式 ………………… 21
任务1　了解B2B电子商务模式 ……………… 21
一、任务导入 ……………………………… 21
二、任务分析 ……………………………… 21
三、知识百宝箱 …………………………… 22
任务2　了解B2C电子商务模式 ……………… 23
一、任务导入 ……………………………… 23
二、任务分析 ……………………………… 23
三、知识百宝箱 …………………………… 23
任务3　了解C2C电子商务模式 ……………… 25
一、任务导入 ……………………………… 25
二、任务分析 ……………………………… 26
三、知识百宝箱 …………………………… 26
任务4　了解其他电子商务模式 ……………… 28
一、任务导入 ……………………………… 28
二、任务分析 ……………………………… 28
三、知识百宝箱 …………………………… 28

项目三　体验电子商务购物 ………………… 31
任务1　开通网上银行 ………………………… 31
一、任务导入 ……………………………… 31
二、任务分析 ……………………………… 31
三、知识百宝箱 …………………………… 32
任务2　选择第三方支付 ……………………… 37
一、任务导入 ……………………………… 37
二、任务分析 ……………………………… 37
三、知识百宝箱 …………………………… 37
任务3　B2C网上购物 ………………………… 48
一、任务导入 ……………………………… 48
二、任务分析 ……………………………… 49
三、知识百宝箱 …………………………… 49
任务4　C2C网上购物 ………………………… 53
一、任务导入 ……………………………… 53
二、任务分析 ……………………………… 53
三、知识百宝箱 …………………………… 53
任务5　手机购物 ……………………………… 62
一、任务导入 ……………………………… 62
二、任务分析 ……………………………… 62
三、知识百宝箱 …………………………… 62

项目四　电子商务支付与安全 ……………… 73
任务1　了解电子支付 ………………………… 73
一、任务导入 ……………………………… 73
二、任务分析 ……………………………… 73
三、知识百宝箱 …………………………… 74
任务2　认识网上银行 ………………………… 77
一、任务导入 ……………………………… 77
二、任务分析 ……………………………… 77
三、知识百宝箱 …………………………… 77

任务3　认识第三方支付 ……………… 80
　　一、任务导入 ……………………… 80
　　二、任务分析 ……………………… 80
　　三、知识百宝箱 …………………… 81
　任务4　了解电子商务安全 …………… 82
　　一、任务导入 ……………………… 82
　　二、任务分析 ……………………… 83
　　三、知识百宝箱 …………………… 83
　任务5　解决电子商务安全问题 ……… 85
　　一、任务导入 ……………………… 85
　　二、任务分析 ……………………… 85
　　三、知识百宝箱 …………………… 86
项目五　网络营销 ………………………… 89
　任务1　认识网络营销 ………………… 89
　　一、任务导入 ……………………… 89
　　二、任务分析 ……………………… 89
　　三、知识百宝箱 …………………… 90
　任务2　网络营销形式的分析及应用 … 93
　　一、任务导入 ……………………… 93
　　二、任务分析 ……………………… 93

　　三、知识百宝箱 …………………… 93
　　四、任务实施 ……………………… 94
项目六　电子商务应用——网上开店 …… 111
　任务1　了解网店 ……………………… 111
　　一、任务导入 ……………………… 111
　　二、任务分析 ……………………… 112
　　三、知识百宝箱 …………………… 112
　任务2　选择网店产品 ………………… 113
　　一、任务导入 ……………………… 113
　　二、任务分析 ……………………… 114
　　三、知识百宝箱 …………………… 114
　任务3　掌握网店开设规则及要求 …… 117
　　一、任务导入 ……………………… 117
　　二、任务分析 ……………………… 118
　　三、知识百宝箱 …………………… 118
　任务4　选择电子商务第三方平台 …… 126
　　一、任务导入 ……………………… 126
　　二、任务分析 ……………………… 126
　　三、知识百宝箱 …………………… 126
参考文献 …………………………………… 138

项目一　初识电子商务

【项目情景设计】

羊年春节的除夕之夜，小丽一家终于聚在了一起，看着央视春晚，吃着水果瓜子，聊着即将过去的 2014 年各自的收获，展望 2015 年。期间，让小丽特感兴趣的话题是：不愿种地，到上海打工的哥哥神谈在那里的见闻；还有，整日为家操劳的老爸的困惑，家里种的塑料大棚蔬菜大丰收，但仅靠到镇上集市销售远远解决不了问题。听了老爸的唠叨和哥哥的话题，孝顺的小丽暗暗想一定帮老爸解决蔬菜销售的难题，把蔬菜卖到上海这样的大城市。

【项目目标】

能力目标：
（1）明白电子商务对个人、家庭、企业、政府和其他组织的影响。
（2）初步了解从事不同类型的电子商务的条件及简单流程。

知识目标：
（1）掌握电子商务是什么。
（2）熟悉哪些活动是电子商务，又各是什么类型的电子商务。
（3）了解从事电子商务活动需要什么条件。
（4）掌握电子商务和传统商务活动有哪些异同。
（5）掌握电子商务的组成、功能和特点。
（6）了解电子商务的发展历程和趋势。

【项目分析】

21 世纪的突出特点是信息化、网络化和数字化，各国大力发展网络经济、信息经济，顺应时代大力发展电子商务是各类企业的必然选择。现代农民要发展现代农业，也要充分利用互联网拓展市场，发展电子商务。小丽爸爸的难题破解思路就是利用第三方电子商务平台发展电子商务。那么，何为电子商务？发展电子商务应具备哪些条件？它又能为农民朋友带来哪些具体利益？发展电子商务又会对我国农业发展产生哪些影响？这些问题，我们将带着同学们一一去解决。

任务 1　认识电子商务

一、任务导入

小丽家的大棚蔬菜大丰收，按道理她爸应该高兴，但是却没有，因为看着每天到集市上微小的销售收入，他怎么也高兴不起来。你认为小丽怎样才能帮助她爸扩大销售呢？

二、任务分析

现代农民发展现代农业必须掌握现代科学种田技术，同时还需要懂得互联网技术，开展互联网营销，这样才能将自己的优质农产品卖到世界各地，扩大产品销售。毋容置疑，小丽应先弄懂什么是电子商务、电子商务的种类等相关知识才能真正帮助她老爸扩大蔬菜的销售。

三、知识百宝箱

（一）电子商务的概念

关于电子商务的概念，国内外的很多专家、学者以及国际经济组织、政府组织和一些知名企业都有各自的定义，到目前为止还没有一个统一的说法。

1. 本书的定义

本书认为电子商务应该从综合的角度定义。

狭义的电子商务（E-Commerce，EC），仅指运用互联网进行商品交易。

广义的电子商务（E-Business，EB），指运用一切电子工具和电子技术进行的所有与商务有关的活动。例如商务信息、商务管理和商品交易，都称电子商务。EC 与 EB 的关系和内涵如图 1-1 所示。

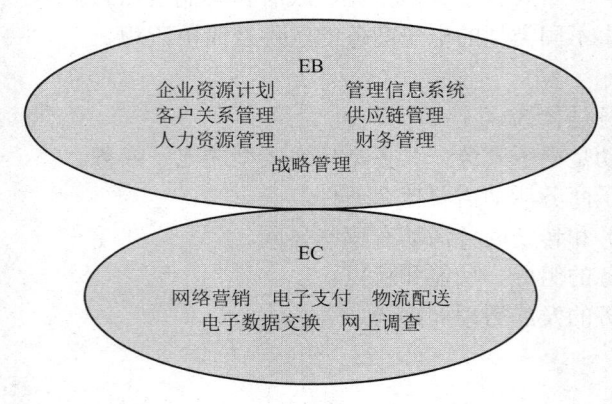

图 1-1　EC 和 EB 的关系和内涵

2. 电子商务的内涵

（1）电子商务的前提：计算机的普及和信息技术，特别是互联网技术广泛应用。

（2）电子商务的核心：掌握现代信息技术和商务理论与实务的人。

（3）电子商务的对象：以商品贸易为中心的各种经济事务活动。

（4）电子商务的工具：系列化电子工具。

（5）对电子商务内涵的深化认识：电子商务本身并不是高科技，只是高科技的应用；电子商务的本质是商务，而不是技术；电子商务是传统商务的改良而非革命；电子商务不只是在网上销售商品；企业开展电子商务活动不应该只由技术人员来主导。

（二）电子商务的分类

按照不同的标准，电子商务可以分为不同的类别，通常按照以下几种标准进行分类：

1. 按照交易对象分类

(1) B2C (Business to Consumer)。

B2C 是指企业和消费者之间的电子商务。这是目前电子商务的一种典型模式。随着万维网（WWW）的出现，网上销售迅速发展起来。目前，在互联网上有许多各种类型的虚拟商店和虚拟企业，提供各种与商品销售有关的服务。通过网上商店买卖的商品可以是实体化的，如书籍、鲜花、服装、电器、食品、汽车等；也可以是数字化的，如音乐、电影、软件等；还有提供各类服务的，如在线医疗诊断、旅游和远程教育等。B2C 最典型的就是京东商城、卓越亚马逊、当当网、新蛋、HiShop 等。

(2) B2B (Business to Business)。

B2B 是指企业与企业之间通过互联网或专用网的方式开展商务活动。B2B 是电子商务应用最广泛和最受企业重视的形式，企业可以利用互联网为每笔交易寻找最佳合作伙伴，完成从订单到结算的全部交易行为。企业与企业的电子商务经营额较大，所需的各种软硬件环境较复杂，但在 EDI 商务成功的基础上发展较快。B2B 最典型的是阿里巴巴、中国制造网、慧聪网等。

(3) C2C (Consumer to Consumer)。

C2C 指的是消费者与消费者之间的电子商务。它主要包括网上拍卖、网上猎头、换房服务、邮票交易、收藏品交易等。C2C 最典型的就是淘宝网、拍拍网、易趣网等。

(4) B2G (Business to Government)。

B2G 指的是企业和政府之间的电子商务。这种商务活动覆盖企业和政府组织之间的各项事务。当然，这也成为政府机关政务公开的手段和方法之一。

2. 按照商业活动的运作方式分类

(1) 完全电子商务。

完全电子商务是指可以通过电子商务方式实现和完成完整交易的交易行为与过程，也是指交易过程是在信息网络上完成的，也可以说交易商品、交易过程和交易场所都是数字化的。例如联众网玩游戏、在中国电影网上看电影、用网易邮箱发短信等。完全电子商务使得双方超越地理空间的障碍进行交易，可以充分挖掘全球市场的潜力。

(2) 不完全电子商务。

不完全电子商务也称部分电子商务，其交易商品、交易过程和交易场所这三者至少有一个是数字化的，同时至少也有一个是实体的，它是一种"鼠标+水泥"组织。例如，淘宝、天猫、天狗等的经营模式都是不完全电子商务。

3. 按电子商务所使用的通信技术分类

企业或个人开展电子商务可以使用不同的网络环境和通信技术。因此，也可以根据所使用的技术对其进行分类。

(1) 互联网电子商务。

互联网电子商务就是我们通常所说的基于互联网的电子商务，即电子商务是在互联网平台支持下完成的。

(2) 非互联网电子商务。

非互联网电子商务是指借助其他计算机网络实现的电子商务，如基于局域网、广域网或专用网的电子商务。

（3）P2P（Peer to Peer）电子商务。

P2P 是一种对等网技术，它使得网络上各节点计算机之间能够共享数据和处理，例如，在 C2C 对等网应用中，可以共享音乐、视频、软件和其他数字化产品，一些著名的下载软件（如迅雷、BitComet 等均支持对等网下载。另外，一些在线服务商也提供对等）资源共享，例如，腾讯公司的 QQ 直播、PPLive 网络电视、PPStream 在线电视等。

（4）移动电子商务。

移动电子商务是指电子商务交易和活动的全部或部分是在无线网络环境下完成的。移动电子商务应用包括能够接入互联网的移动设备，如便携式计算机、移动电话等。短信服务、铃声下载、移动支付、移动办公、移动导游等都是移动商务的一种。

想一想：你用手机实现过移动电子商务吗？请举例说明。

（三）电子商务的产生和发展

1. 电子商务的产生

（1）电子商务的起源。

电子商务最早讨论于 20 世纪 30 年代，产生于 20 世纪 60 年代，发展于 20 世纪 90 年代。以下是电子商务起源过程中的标志性事件：

1）1939 年，电报出现，人们就开始运用电子手段对商务进行讨论；

2）1969 年，EDI 出现，使得企业之间的往来开始用电子化方式进行；

3）1991 年，World Wide Web（万维网）在 Internet 上出现——电子商务规模发展的标志；

4）1997 年，IBM 公司推出电子商务全球化概念。

（2）电子商务产生的条件。

电子商务产生的重要条件主要有以下几个：

1）计算机的广泛应用。近 30 年来，计算机的处理速度越来越快，处理能力越来越强，价格越来越低，应用越来越广，这为电子商务的应用提供了物质保障。

2）网络的普及。由于互联网逐渐成为全球通信与交易的媒体，全球上网用户数量呈级数增长，Internet 快捷、安全、低成本的特点为电子商务的发展提供了应用条件保障。

3）信用卡（Credit Card）的普及应用。信用卡以其方便、快捷、安全等优点而逐渐成为人们消费支付的重要手段，并由此形成了完善的全球性信用卡计算机支付与结算系统，使"一卡在手走遍全球"成为可能，同时也为电子商务中的网上支付提供了重要的手段保障。

4）电子安全交易协议的制定。1997 年 5 月 31 日，由美国 VISA 和 MasterCard 国际组织等联合制定的安全电子交易协议（Secure Electronic Transfer Protocol，SET）的出台，以及该协议得到大多数厂商的认可和支持，为开发网络上的电子商务提供了一个至关重要的安全环境保障。

5）政府的支持和推动。1997 年，欧盟发布了《欧洲电子商务协议》，随后美国发布了《全球电子商务纲要》。从此，电子商务引起世界各国政府的重视，许多国家的政府开始尝试"网上采购"。这为电子商务的发展提供了强有力的人文环境保障。

2. 中国电子商务发展史

中国电子商务始于 1997 年，"启蒙者"是 IBM 等 IT 厂商，网络和电子商务技术需求需要不断"拉动"企业的商务需求，进而引致中国电子商务的应用与发展。中国电子商务的发展经历 6 个阶段。

(1) 萌芽与酝酿期(1997—1999年)。

这一时期的特征：业内公认的说法是，当时互联网全新的引入概念鼓舞了第一批新经济的创业者，他们认为传统的贸易信息会借助互联网进行交流和传播，商机无限。于是，从1997年到1999年，美商网、中国化工信息网、8848、阿里巴巴、易趣网、当当网等知名电子商务网站先后涌现。

1）1997年，中国化工信息网正式提供服务，全国第一个行业门户网站创建。

2）1999年8月，国内首家C2C电子商务平台易趣网创办。

3）1999年9月，招商银行率先在全国全面启动"一网通"网上银行服务，建立了由网上企业银行、网上个人银行、网上支付、网上证券及网上商城为核心的网上银行服务体系。

(2) 冰冻与调整期(2000—2002年)。

这一时期的特征：在互联网泡沫的大背景下，电子商务的发展也受到了严重的影响，创业者的信心经受了严峻的挑战，尤其是部分严重依靠外来投资的"输血"，而自身尚未找到盈利模式具备"造血"功能的企业，经历了冰与火的严峻考验。于是，包括8848、美商网、阿里巴巴在内的国内知名电子商务网站进入"寒冬"阶段，而依靠"会员+广告"模式的行业网站集群，则大都实现了集体盈利，安然度过了互联网最为艰难的"寒潮"时期。

1）2000年4月，慧聪国际推出了慧聪商务网，即现在的慧聪网。

2）2000年5月，卓越网成立，为我国早期B2C网站之一。

(3) 崛起与高速发展期(2006—2007年)。

这一时期的特征：互联网环境的改善、理念的普及及其给电子商务带来的巨大的发展机遇，使各类电子商务平台会员数量迅速增加，大部分B2B行业电子商务网站开始实现盈利。而专注于B2B的网盛生意宝与阿里巴巴的先后上市成功引发的"财富效应"，更是大大激发了创业者与投资者对电子商务的热情。

1）2006年12月，电子商务领军企业网盛科技登陆深圳中小企业板，标志A股"中国互联网第一股"诞生。

2）2007年8月，今日资本向京东商城投资1000万美元，开启国内家电3C网购新时代。

3）2007年11月6日，阿里巴巴网络科技有限公司在香港主板上市，融资16.9亿美元，创全球互联网企业融资额第二大记录。

(4) 转型与升级期(2008—2009年)。

这一时期的特征：全球金融海啸的不期而至，致使全球经济环境迅速恶化，我国相当多的中小企业举步维艰，尤其是外贸出口企业随之受到阻碍。作为互联网产业中与传统产业关联度最高的电子商务，也难以独善其身。受产业链波及，外贸在线B2B首当其冲，以沱沱网、万国商业网、慧聪宁波网、阿里巴巴为代表的出口导向型电子商务服务商纷纷或关闭，或裁员重组，或增长放缓。而与此同时，在外贸转内销与扩大内需、降低销售成本的指引下，内贸在线B2B与垂直细分B2C却获得了新一轮的高速发展，不少B2C服务商获得了数目可观的风险投资(Venture Capital，VC)的资本青睐，传统厂商也纷纷涉水，B2C由此获得前所未有的发展与繁荣。而C2C领域，随着搜索引擎巨头百度的进入，网购用户获得更多的选择空间，行业竞争更加激烈化。

1）2008年，服装B2C直销热兴起投资热，以衣服网、李宁为行业代表的各类服装网购平台兴起，其在线直销模式逐渐引发了传统服装销售渠道的变革。

2）2008年，中国电子商务B2B市场交易额达到3万亿元；B2C、C2C网购交易额达到1500万亿元。

3）2009年，B2C、C2C网购交易额达到2500万亿元。

（5）电子商务新元年（2010年至今）。

这一时期的特征：各类电子商务公司百花齐放、百家争鸣，电子商务似乎成为一个与众不同的、独特的行业，很多电子商务的业内人士过分强调电商与传统业务的差异性，把电子商务搞得很神秘。

1）2010年年初到现在，国内品牌行业纷纷涉足网上销售业务。国内60%以上的快速、耐用品消费品品牌企业进驻了淘宝商城和建立了独立网店。

2）2010年2月，苏宁电器旗下的电子商务平台苏宁易购网上线。

3）2011年12月，交通运输部对铁路售票进行改革，全面推行网上售票，开创了网络售票的新时代。

4）2014年，移动电子商务获得大发展，并将延续到今后若干年，可以说将是电子商务的发展趋势之一。

3. 中国电子商务的发展趋势

从未来发展看，中国电子商务将呈现以下发展趋势：

（1）大数据技术及其应用。

大数据技术将推动电子商务向精细化发展，依托大数据分析，电子商务企业可以更准确地判断消费者的需求，制定更具市场竞争力的营销方案。对于电子商务行业，数据的重要性毋容置疑，围绕大数据，数据仓库、数据安全、数据挖掘和分析已经成为未来电子商务平台企业的制胜关键和利润焦点。而对于大多数品牌电子商务企业，如何将助大数据的应用更好地融入商业分析中才是真正的重点。

（2）多平台运营。

随着电子商务模式日益盛行，电子商务企业的竞争也趋向"白热化"。为拓展发展空间，电子商务企业开始进行多平台运营，增加展示窗口，拓宽渠道和空间，以此吸引更多不同层次的消费群体，加快发展壮大企业。越来越多的电子商务企业开展跨界经营，其业务需求将催生企业向物流、金融、广告等其他业态发展。而全网渠道、多平台的组合运营，也会成为品牌商更加地健康发展的必由之路。

（3）移动支付成为主流。

移动支付在过去几年中摸索前进，从手机支付宝购物，到水电、宽带缴费，一些日常的交易都能轻松完成。移动支付的意义不仅对大电子商务格局具有影响，更有可能对中小电子商务产生巨大影响。当下已经出现了很多单纯依靠移动支付（如微信平台等），便可以单月盈利几万元、十几万元的个人卖家。

（4）社会化营销。

流量和转化率是电商企业永恒的命题，在全网流量成本越来越高的今天，如何通过更低成本去获取最优质的新客户，已经成了电子商务企业必修的课题。而社会化媒体的崛起，在带给电子商务企业新营销方式的同时，也带给它们以更低成本获取用户并与之建立关联的机会。

社会化营销要求电子商务企业依托社会化营销去把一个好产品卖好，而不是用社会化营销去把一个做得很烂的东西卖好。还原到本质，如何借助社会化媒体，让电子商务企业和用户产生关联互动，让用户参与到电子商务企业的产品和服务的升级改造中，让社会化媒体成为电商电子商务企业和用户交流的桥梁，才是企业应该首先要考虑的问题。

（5）服务商发展爆发。

未来的发展，服务商与品牌商之间在彼此触及，由于服务商的能力越来越强，有越来越多的品牌商把服务外包出去，而服务商也有可能影响到品牌商本身的变革。作为电子商务生态中重要的一环，服务商的崛起对于整个电子商务行业的发展会有更多积极的推动。对于品牌商，如何借助越来越专业的服务商来完善自己，如何在开放协作的同时保留自己的核心竞争力，也会成为有志发展电子商务的品牌商们研究的方向之一。

（6）品牌触网趋势加深加快。

未来将有更多的品牌进入互联网市场，而对于那些已经触网的品牌，则立志于能在2015年快速扩大网上市场占有率。有资料分析进一步指出，不论是那些刚刚开始进入电子商务的品牌还是那些打算继续深耕的品牌，都希望在未来能通过网络实现营业额的快速增长。

（7）O2O模式将全面爆发。

所谓O2O（Online to Offline），泛指通过有线或无线互联网提供商家的销售信息，聚集有效的购买群体，并在线支付相应费用，再凭各种形式的凭据，去线下，也就是现实世界的商品或服务供应商那里完成消费，让互联网成为线下交易的前台，这样线下服务就可以用线上来揽客，消费者可以用线上来筛选服务，特别适合必须到店消费的商品和服务，如餐饮、服装等。它是一种线上虚拟经济与线下实体店面相融合的新型商业模式。

O2O改变了在线发现和支付模式，符合现代人的品位和生活方式。它具有以下优势：

对用户而言：

1）获取更丰富、更全面的商家及其商品的内容信息。

2）更加方便商家在线咨询并进行预售。

3）获得相比线下直接消费较为便宜的价格。

对商家而言：

1）能够获得更多的宣传、展示机会，吸引更多新客户到店消费。

2）推广效果可查，每笔交易可跟踪。

3）掌握用户数据、加强与用户的沟通，更好进行客户关系管理。

4）通过在线有效预定等方式合理安排经营，节约成本。

5）对拉动新品、新店的消费更加快捷。

6）降低线下实体对黄金地段旺铺的依赖，大大减少租金支出。

对平台本身而言：

1）与用户日常生活息息相关，并能给用户带来便捷、优惠、消费保障等作用，能吸引高粘性用户。

2）对商家有强大的推广作用及可衡量的推广效果，可吸引大量线下生活服务商加入。

3）巨大的广告收入空间及形成规模后的赢利模式。

想一想：你认为未来电子商务还会有什么样的发展趋势？

四、任务实施

1. 在地址栏中输入http://www.baidu.com，登录百度网站，在"百度一下"中输入"中国南方航空股份有限公司官网"并进入该公司网站主页，如图1-2所示，了解它是什么类型网站，主要提供什么服务。

图1-2　中国南方航空股份有限公司网站主页

2. 在地址栏中输入http://www.baidu.com，登录百度网站，在"百度一下"中输入"上海书城"进入上海书城网站主页，如图1-3所示，了解它是什么类型网站，主要提供什么服务。

图1-3　上海书城网站主页

任务 2　分析电子商务组成要素

一、任务导入

通过学习，小丽明白了要帮助她爸爸提高蔬菜销售额，就需要利用互联网发展电子商务。那么，又怎样开展电子商务呢？

二、任务分析

个人开展电子商务首先要弄清电子商务的组成要素，然后结合自身的条件和需求有针对性地开展。

三、知识百宝箱

（一）电子商务的基本组成及其要素

电子商务的基本组成要素：网络、用户、物流配送、认证中心、银行、商家等（图1-4）。

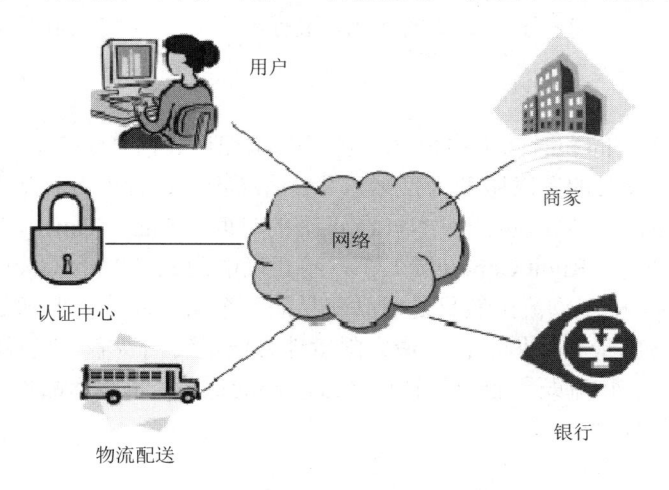

图 1-4　电子商务的组成要素

（1）网络：互联网（Internet）、内联网（Intranet）、外联网（Extranet），互联网是电子商务的基础，是商务、业务信息传送的载体；内联网是企业内部商务活动的场所；外联网是企业与企业以及企业与个人进行商务活动的纽带。

（2）用户：电子商务活动的主要参与主体，包括个人用户和企业用户。

（3）认证中心（CA）：受法律承认的权威机构，负责发放和管理数字证书。

（4）物流配送：商品从供应方到需求方所经过的装卸、搬运、运输、流通加工、储存等环节的总称，是电子商务活动得以完成关键环节之一。

（5）网上银行：提供 24 小时实时网上资金结算服务，是电子商务活动得以完成的关键环节之一。

（二）电子商务中的"四流"

1. 信息流

信息流是实现电子商务的手段，主要包括商品信息的提供、促销行销、技术支持和售后服务等内容，也包括询价单、报价单、付款通知、转账通知等商业贸易单证，还包括交易方的支付能力、支付信用和中介信誉等。

企业管理的基础就是对企业信息流实施有效控制，相对于传统的商务活动，电子商务活动的最大优势是在电子商务环境下，企业借助于现代通信网络技术，使得信息流的流动变得更为畅通。

信息流的产生伴随着整个业务的流转过程，信息流的不完整将直接影响到物流和资金流的作用结果。在电子商务环境下，企业通过对企业的流程重组，利用先进的通信网络技术，建立起畅通的企业信息网络，包括企业内部的信息网和企业外部的信息网，从而大大加快了企业信息流的流动速度，增加了信息的共享程度，为企业提供高质量的客户服务打下坚实的基础。

2. 资金流

资金流是实现电子商务的条件，主要是资金的转移过程，包括付款、转账、结算、兑换等过程。网上银行对电子商务有着重要的促进作用，在电子商务中，银行是连接生产企业、商业企业和消费者的纽带，起着至关重要的作用。银行能否有效地实现电子支付已成为电子商务成败的关键。

3. 物流

物流是指商品在空间和时间上的位移，包括采购配送、流通加工、装卸搬运和仓储包装等流通环节，以满足顾客的需求服务为目标，尽量消除物流过程中各种形式的浪费，追求物流过程的持续改进和创新，以最少的成本，在正确的时间（Right Time）、正确的地点（Right Location）、正确的条件（Right Condition）下，将正确的商品（Right Goods）送到正确的顾客（Right Customer）手中。物流虽然只是商品交易的一个组成部分，但却是商品和服务价值的最终体现。电子商务的最终价值，在于最大限度地方便最终消费者，"以顾客为中心"价值实现最终体现在物流上。物流既是企业保持可持续生产的保障，也是商品价值实现的载体，更是电子商务核心优势的体现。

4. 商流

商流是实现电子商务的动机和目的。所谓商流，是一种买卖或者一种交易活动过程，通过商流活动发生商品所有权的转移。

商流是信息流、资金流和物流的起点，也可以说是后"三流"的前提，一般情况下，没有商流就不太可能发生信息流、资金流和物流。反过来，没有信息流、资金流和物流的匹配与支撑，商流也不可能达到目的。"四流"之间有时互为因果关系。

四、任务实施

（1）打开电脑的 IE 浏览器，在地址栏输入 www.jd.com 进入京东商城网站主页，如图 1-5 所示。

（2）在京东商城网站主页菜单中，点击"免费注册"，注册成京东商城会员，进入如图 1-6 所示的界面完成注册。

图 1-5　京东商城网站主页

图 1-6　京东商城会员注册页面图

（3）在京东商城网站主页下部，浏览"购物指南"中的"购物流程"，进入如图 1-7 所示的界面。

图 1-7 京东商城购物流程操作演示图

（4）体验一次网购过程，并说出网购过程中的主要参与者。

任务 3 分析电子商务的特点、优势、功能及影响

一、任务导入

发展电子商务，进行网上信息发布广泛寻找买家，是小丽决定帮老爸销售蔬菜的手段，但现在困惑她的问题又来了：电子商务和传统商务究竟有什么不同？电子商务有什么优势？发展电子商务究竟能为卖家带来哪些好处？电子商务有哪些影响？

二、任务分析

破解小丽困惑的关键是做好以下几点：① 从不同角度分析电子商务与传统商务的关系，找出二者的异同点，进而总结电子商务的优势；② 从不同电子商务从事者的经验中来总结电子商务的功能和影响；③ 结合以上两点以及自身的资源、需求决定电子商务的模式。

三、知识百宝箱

（一）电子商务和传统商务的异同

电子商务和传统商务的不同主要体现在表 1-1 内容上。

电子商务与传统商务的联系主要体现在以下几方面：

（1）二者都需要自己的活动空间。这个空间主要都包括三个方面：

1）交易的场所。

2）交易的规则。

3）交易的主体：卖主和买主。

表 1-1 传统商务与电子商务的区别

项目	传统商务	电子商务
交易对象	部分地区	世界各地
交易时间	在规定的营业时间内	实施一周 7 天×24 小时服务
营销推动	销售商单方努力	交易双方一对一沟通，是双向的
顾客购物方便度	受限于时间、地点及店主态度	按自己的方式，无拘无束地购物
顾客需求把握	商家需很长时间掌握顾客需求	能快速捕捉顾客的需求并及时应对
销售地点	需要销售空间（店铺、货架和仓库）	虚拟空间（提供商品列表和图片）
销售方式	通过各种关系买卖，方式多样	完全自由购买
流通渠道	流通环节复杂，流通成本高	简化了流通环节，降低了流通成本

（2）都以货币为媒介按市场要求进行商品资源配置。无论是电子商务还是传统商务都是以货币作为媒介进行商品资源的配置的。

（3）两种商务活动都是一种严肃的社会经济行为。为了从法律上保证购销双方的权益，在进行电子商务活动时，双方必须以真实的身份进入市场、提供真实的资料和产品，并且参与电子商务活动的双方在对方没有授权可公开资料的情况下有义务为对方的产品保密。目前，我国正在加紧《电子商务法》的立法工作，这无疑将会促进我国电子商务的健康发展。

（4）电子商务的物流作业流程同传统商务的一样，其目的都是要将用户所订的货送到用户手中。基本的业务流程一般都是这样的：进货、进货检验、分拣、储存、拣选、包装、分类、组配、装车及送货等。

（二）电子商务的优势

互联网具有以下三个显著优势，使得电子商务也随之具备了这样的优势。

1. 传播优势

由于互联网具有传送文字、图片、动画、影像及声音等信息的超媒体功能，所以它迅速地成为新的商品营销手段。而且由于用户众多、传播面广、传播速度快、存储时间长、信息容量大、表现力强、价格低廉等特点，它已经引起了商业界的广泛重视，此外，精心策划和设计的网站及网络营销，已经成为全球企业界全新的经营方式。

2. 技术优势

互联网的技术优势表现在使网站具有良好的交互性，其中可设置各种信息数据库，为访问者提供资信服务；同时，收集访问者的意见、求购意向。结合企业各个部门的服务功能，网站内容可以扩展到投资、合作、营销、采购和查询等诸多方面。

3. 交互优势

互联网具有交互性，通过 WWW 与客户进行交流和技术支持时效率更高，能让企业用快捷、方便、经济的方式把自己的信息融入信息高速公路之中，与客户保持有效而方便的联系。国际互联网的商用价值就在于具备网上贸易潜力，网站将成为企业的一个独立销售、贸易部门。

（三）电子商务的功能

综合电子商务从业者的经验，电子商务具有广告宣传、咨询洽谈、网上订购、网上支付、电子账户、服务传递、意见征询、交易管理等功能。

1. 广告宣传

电子商务可凭借企业的 Web 服务器和客户的浏览，在互联网上发布各类商业信息。客户可借助网上的检索工具（search）迅速地找到所需要的商品信息，而商家可利用网上主页（home page）和电子邮件（E-mail）在全球范围内做广告宣传。与以往的各类广告相比，网上的广告成本最为低廉，而给顾客的信息量却最为丰富。

2. 咨询洽谈

电子商务可借助非实时的电子邮件（E-mail）、新闻组（news group）和实时的讨论组（chat）来了解市场和商品信息，洽谈交易事务，如有进一步需求，还可以用网上的白板会议（whiteboard conference）来交流即时的图形信息。网上的咨询和洽谈能超越人们面对面洽谈的限制，提供多种方便的异地交流形式。

3. 网上订购

电子商务可借助 Web 中的邮件交互传递实现网上订购。通常都是产品供应商在产品的页面上提供订购提示信息和订购交互格式框，当客户填完订购单后，通常系统会回复确认信息单来保证订购信息收悉。订购信息也可用加密的方式使客户和商家的商业信息不会被泄露。

4. 网上支付

网上支付是电子商务得以实现的保障。客户和商家之间可采用信用卡账号进行支付。网上支付手段可以节省现实交易中很多人员的开销。网上支付将需要更为可靠的信息传输安全性控制以防止欺骗、窃听、冒用等非法行为。

5. 电子账户

网上支付必须有电子金融来支持，即银行或信用卡公司及保险公司等金融单位要为金融服务提供网上操作服务，而电子账户管理是其基本的组成部分。

信用卡号或银行账号都是电子账户的一种标志，而其可信度需配以必要的技术措施来保证。例如数字证书、数字签名、加密等手段的应用保障了电子账户操作的安全性。

6. 服务传递

对于已付款的客户，应将其订购的货物尽快传递到他们的手中。有些货物在本地，有些货物在异地，通过电子邮件可在网络中进行物流的调配。最适合在网上直接传递的货物是信息产品，如软件、电子读物、信息服务等。

7. 意见征询

电子商务能十分方便地采用网页上的表单来收集用户对售后服务的反馈意见，是企业的市场运营形成一个封闭的回路。客户的反馈意见不仅能提高售后服务的水平，更能是企业获得改进产品、发展市场的商业机会。

8. 交易管理

整个交易的管理将涉及人、财、物等多个方面，是企业和企业、企业和客户及企业内部等各方面的协调和管理。因此，交易管理是商务活动全过程的管理。

（四）电子商务的影响

1. 对人们日常生活、工作带来的影响

（1）信息获取方式的改变。

在电子商务方式下，人们以前主要从电视、广播、书籍和报刊杂志等传统媒体中获取信企业主要是通过这种模式扩大销售,从而获取更大的利润,如海尔电子商务网站。

图 2-4 京东商城企业文化

（2）销售衍生产品。销售与本行业相关的产品,如中国饭网出售食品相关报告、就餐完全手册,莎啦啦除销售鲜花外,还销售健康美食和数字产品。

（3）产品租赁。提供租赁服务,如太阳玩具开展玩具租赁业务。

（4）拍卖。拍卖产品收取中间费用,如汉唐收藏网为收藏者提供拍卖服务。

（5）销售平台。接收客户在线订单,收取交易中介费,如九州通医药网、书生之家。

（6）特许加盟。运用该模式,一方面可以迅速扩大规模,另一方面可以收取一定加盟费,如当当、莎啦啦、E康在线、三芬网等。

（7）会员。收取注册会员的会费,大多数电子商务企业都把收取会员费作为一种主要的盈利模式。

（8）上网服务。为行业内企业提供相关服务,如中国服装网、中华服装信息网。

（9）信息发布。发布供求信息、企业咨询等,如中国药网、中国服装网、亚商在线、中国玩具网等。

（10）广告。为企业发布广告,目前广告收益几乎是所有电子商务企业的主要盈利来源。这种模式成功与否的关键是其网页能否吸引大量的广告,能否吸引广大消费者的注意。

（11）咨询服务。为业内厂商提供咨询服务,收取服务费,如中国药网、中药通网站等。

任务 3　了解 C2C 电子商务模式

一、任务导入

小丽最近心情不太好,找了几个有名的电子商务网站,都对自家的蔬菜销售毫无帮助,眼看着爸爸整天为了蔬菜的销路发愁,小丽突然想到了自己的老师,她打电话告诉老师自己的想法,老师对她的孝心和想法给予了很大的肯定,同时给小丽出了个主意:现在有很多人在淘宝上开起了店铺，不需要什么成本，叫她试试在淘宝上开一个个人网店看看效果。

二、任务分析

随着网上购物的流行，网上开店也成为一种时尚。无论是自主创业的专职卖家，还是利用闲暇时间做点兼职的上班族，网上开店都使他们实现创业梦想，小丽的老师让小丽去淘宝上开店，为什么淘宝网适合个人开店呢？

三、知识百宝箱

（一）什么是 C2C 电子商务

C2C 就是指个人与个人之间的电子商务。

（二）C2C 电子商务平台介绍

C2C 电子商务平台就是 C2C 网站为买卖双方交易提供的互联网平台，卖家可以在网站上登出其想出售商品的信息，买家可以从中选择并购买自己需要的物品。例如，拍卖网站就属此类，最著名的是 eBay 网站。另外，一些二手货交易网站也应属于此类。国内著名的 C2C 网站有淘宝网、D 客商城、拍拍网、易趣等，如图 2-5 所示。

图 2-5　淘宝网、拍拍、D 客商城 logo

淘宝网（taobao.com）是中国深受欢迎的网购零售平台，目前拥有近 5 亿的注册用户数，每天有超过 6000 万的固定访客，同时每天的在线商品数已经超过了 8 亿件，平均每分钟售出 4.8 万件商品。截至 2011 年年底，淘宝网单日交易额峰值达到 43.8 亿元，创造 270.8 万个直接且充分的就业机会。随着淘宝网规模的扩大和用户数量的增加，淘宝也从单一的 C2C 网络集市变成了包括 C2C、团购、分销、拍卖等多种电子商务模式在内的综合性零售商圈，目前已经成为世界范围的电子商务交易平台之一。

拍拍是京东战略收购的原腾讯电子商务旗下业务。拍拍致力于打造一个卖家和买家互通的移动社交电商平台，通过提供包括服装服饰、母婴、食品和饮料、家居家装，以及消费电子产品等在内的丰富的产品，来全面满足消费者的需求。

D 客商城是目前最大的买卖个性商品的专业平台。拥有专业的运营管理团队和网络高级技术人才，致力于打造集买卖个性化二维图案定制礼品、礼物，三维打印产品、手板、模型和三维打印机、三维打印材料、三维扫描仪及周边硬件在线交易平台。

（三）C2C 电子商务平台盈利模式

C2C 的电子商务平台的盈利模式主要有以下几种模式：

1. 会员费

会员费也就是会员制服务收费，是指 C2C 网站为会员提供网上店铺出租、公司认证、产品信息推荐等多种服务组合而收取的费用。由于提供的是多种服务的有效组合，比较能适应会员的需求，因此这种模式的收费比较稳定。

2. 交易提成

交易提成不论什么时候都是 C2C 网站的主要利润来源。因为 C2C 网站是一个交易平台，它为交易双方提供机会，就相当于现实生活中的交易所、大卖场，从交易中收取提成是其市场本性的体现。

3. 广告费

企业将网站上有价值的位置用于放置各类型广告，根据网站流量和网站人群精度标定广告位价格，然后再通过各种形式向客户出售。如果 C2C 网站具有充足的访问量和用户黏度，广告业务会非常大。

4. 搜索排名竞价

用户可以为某关键字提出自己认为合适的价格，最终由出价最高者竞得，在有效时间内该用户的商品可获得竞得的排位。只有卖家认识到竞价为他们带来的潜在收益，才愿意花钱使用。淘宝直通车关键词竞价如图 2-6 所示。

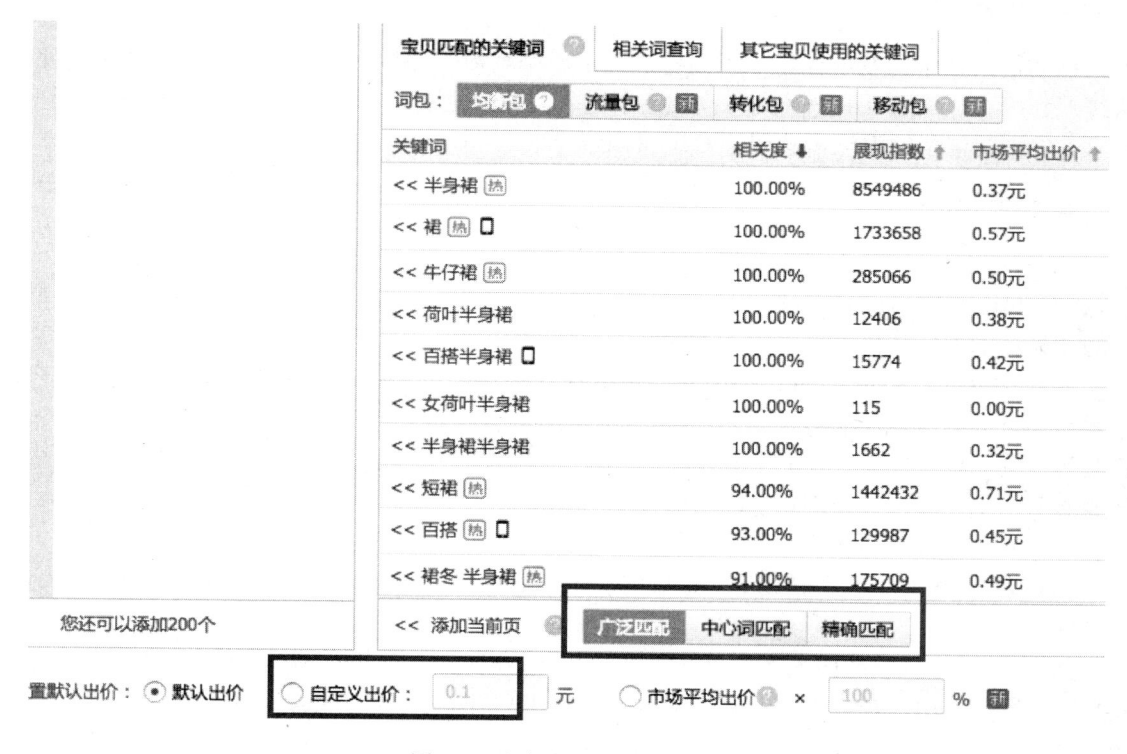

图 2-6 淘宝直通车关键词竞价

5. 支付环节收费

买家可以先把预付款通过网上银行打到支付公司的个人专用账户，待收到卖家发出的货物后，再通知支付公司把货款打入卖家账户，这样买家不用担心收不到货还要付款，卖家也不用担心发了货而收不到款，而支付公司就按成交额的一定比例收取手续费。

任务4　了解其他电子商务模式

一、任务导入

暑假到了,小丽趁这个长假来到了位于省城的表姐家探亲。表姐为了款待这位远道而来的妹妹,要带她去电影院看电影。

两人来到了电影院,小丽只见表姐拿出了手机,拨弄了几下就去营业柜台上兑换了两张电影票。小丽从来没见过这种购票方式,表姐见小丽惊讶的表情,挤了挤眼睛。她告诉小丽这叫"团购",可以通过手机完成,很方便,更重要的是能省不少钱呢。

小丽的手机也能上网,想到表姐请自己看了场电影,她也想请表姐吃顿饭,体验一下"团购"吧。

二、任务分析

移动通信技术的发展使得电子商务进入了一个全新的领域,移动电子商务的发展也使得从线上到线下(O2O)的电子商务模式逐渐进入我们的生活。小丽的表姐在网上订购电影票,然后去电影院消费的做法,就属于O2O的电子商务模式。

三、知识百宝箱

(一)B2G、G2C电子商务简介

(1)B2G(Businessto Government)即"商家到政府",即企业与政府之间通过网络所进行的交易活动的运作模式,如电子通关、电子报税等。

(2)G2C(Government to Citizen)是指政府与公众之间的电子政务,是政府通过电子网络系统为公民提供各种服务。G2C电子政务所包含的内容十分广泛,主要的应用包括公众信息服务、电子身份认证、电子税务、电子社会保障服务、电子民主管理、电子医疗服务、电子就业服务、电子教育、培训服务、电子交通管理等。

(二)电子商务新模式O2O

O2O即在线离线/线上到线下,是指将线下的商务机会与互联网结合,让互联网成为线下交易的前台。

其实O2O模式早在团购网站兴起时就已经开始出现,只不过消费者更熟知团购的概念,团购商品都是临时性的促销,而在O2O网站上,只要网站与商家持续合作,那商家的商品就会一直"促销"下去,O2O的商家都是具有线下实体店的,而团购模式中的商家则不一定。也有观点认为,O2O是B2C的一种特殊形式。大众点评网的O2O手机平台如图2-7所示。

目前国内O2O市场的特点如下:
(1)市场潜力巨大,但是开发商遇到瓶颈。
(2)国内线下服务水平跟不上线上的服务需求。
(3)商家拥挤在团购领域,缺少多元化。

(三)我国移动电子商务的发展

截至2012年12月,中国移动电子商务市场交易规模达到965亿元,同比增长135%,快

速增长的趋势远远超过了预期水平。手机用户数量和用手机上网用户数量的攀升，智能手机和平板电脑的普及，上网速度的提升，无线宽带资费的下调，以及传统电子商务的转型，为移动电子商务的发展奠定了良好的基础。

图 2-7　大众点评 O2O 手机平台

1. 手机网民的规模不断扩大

截至 2012 年 12 月底，我国网民规模达到 5.64 亿，互联网普及率为 42.1%。在普及率达到四成的同时，我国手机网民数量快速增长，2012 年我国手机网民数量为 4.2 亿，年增长率达 18.1%，远超网民整体增幅。网民中使用手机上网的比例也继续提升，由 69.3%上升至 74.5%，手机超过其他终端成为第一大上网方式。网民互联网接入方式的改变，使移动电子商务的应用越来越广泛，移动电子商务的发展出现一个崭新的格局。

2. 智能终端的性能不断提升

随着智能终端在手持设备领域的快速普及，消费者对于智能终端的选择也已经呈现出多样化和个性化，特别是对于智能终端内容的选择已经成为消费者更为看重的一个关键因素。

目前的智能终端，其屏幕更大，色彩更清晰，而且速度也更快。性能的提升也吸引了更多的用户去购买使用。近两年的苹果、三星等产品的盛行，就说明了这样的道理。用户需求和技术发展的相互作用，推动智能终端向着更高速运算、更智能化的方向发展，从而吸引更多的用户使用，并使得移动服务向纵深处发展和延伸。

3. 移动电子商务的应用不断创新

移动电子商务在当今社会已经被越来越多的人熟知并使用。随着 3G 的普及，运营商手机上网包月套餐的推出，手机终端功能的提升，以及相关政府部门的高度重视，促进这一产业的高速发展，移动电子商务业务范围也逐渐扩大，它涵盖了金融、信息、娱乐、旅游和个人信息管理等领域。其主要应用领域包括网上银行业务、网上订票、网络购物、娱乐服务、网络比价、信息推送与分享等。

终端的普及和上网应用的创新是移动电子商务新一轮增长的重要因素。随着智能手机市场份额的逐步提升和智能手机性能的不断增强，移动上网应用出现创新热潮，同时手机价格不断走低，降低了移动智能终端的使用门槛，从而促成了普通手机用户向手机上网用户的转化。

目前，消费者已经基本养成了通过移动智能终端上网的习惯，为移动电子商务的进一步发展奠定了良好的基础。

（四）移动电子商务存在的问题

相比于传统的电子商务说，移动电子商务可以随时随地为用户提供所需的信息、应用和服务，同时满足用户及商家安全、社交及自我实现的需求，其优势明显。但是，移动电子商务发展体系并不完善，仍然面临许多问题，如移动网络安全问题、移动支付机制问题、移动电子商务的技术支持问题、移动电子商务法律问题和用户与传统商家的观念问题等。

【项目总结】

本项目通过介绍国内知名的 B2B、B2C、C2C 网站让读者熟悉常见的电子商务交易模式及其盈利方式。通过了解最前沿的电子商务新模式使读者树立不断学习新知识、掌握新技术的意识。

【职业技能训练】

一、单项选择题（下面各题的答案中只有一个正确选项，请把正确选项的序号填写在括号内）

1. 下列属于 B2B 电子商务交易模式的是（　　）。
   A．阿里巴巴　　　B．淘宝网　　　C．京东商城　　　D．美团网
2. B2C 指的是那种电子商务交易模式（　　）。
   A．企业与企业之间的电子商务　　B．企业与政府之间的电子商务
   C．企业与个人之间的电子商务　　D．线上到线下的电子商务
3. 下列哪项不是 C2C 电子商务的盈利方式（　　）。
   A．收取会员费　　　　　　　B．收取交易提成
   C．收取广告费　　　　　　　D．收取交易税
4. 网络零售是属于那种类型的电子商务（　　）。
   A．B2B　　　B．B2C　　　C．C2C　　　D．O2O

二、判断题（正确的打"√"，错误的打"×"）

1. B2B 电子商务是指商业企业与生产企业之间通过网络进行产品、服务及信息的交换过程。（　　）
2. B2C 电子商务是企业通过互联网向个人网络消费者直接销售产品和提供服务的经验方式。（　　）
3. 拍拍属于 C2C 的电子商务模式。（　　）
4. O2O 电子商务是最近几年刚刚出现的一种电子商务交易模式。（　　）

项目三　体验电子商务购物

【项目情景设计】

小丽把自己学到的电子商务的相关知识给自己的老爸讲了之后,老爸也很感兴趣,也想改变传统的销售模式,打开新的销售思路,但是老爸还是对于网络购物半信半疑,小丽决定先帮老爸做个网络销售的市场名片,进行推广。小丽去网上定制了一批名片,也让老爸跟着一起感受一下电子商务给生活带来的便利。

网络购物打破了传统购物的模式,为我们的生活带来了便利,越来越多的人喜欢网络购物,这是一种新的购物方式,也是信息化发展下商业模式的必然趋势。

【项目目标】

能力目标:

能够掌握网络购物的主要形式,具备独立使用网络银行和第三方支付工具支付的能力,能够独立完成各种形式的网络购物。

知识目标:

掌握网上银行的特点,了解第三方支付方式,熟练使用第三方支付工具,掌握不同网购模式的流程。

【项目分析】

网络的迅速发展,产生一种全新消费与购物方式,但是大众对网上购物还存在一些误区和担忧,如何引导消费者正确使用电子商务与网上购物显得非常有意义。学生希望进行尝试,教师通过教学,让学生能够完成通过网络购买物品。

任务1　开通网上银行

一、任务导入

网上购物不同于传统购物,不是使用现金进行交易,这对于大半辈子都是一手交钱一手交货的老爸而言,不使用现金交易还真不知道该如何进行买卖呢。小丽在网上定制名片该如何进行支付呢?她听说网上银行可以24小时进行交易,决定试一试。

二、任务分析

传统银行由于受时间和地域的限制,不能实现7天24小时的服务,随着信息化的发展,更方便快捷的网上银行应运而生。开通网上银行可以给客户提供传统银行所没有的功能,网上银行弥补了传统银行的缺点,为客户提供更优质的服务。

三、知识百宝箱

（一）网上银行介绍

网上银行包含两个层次的含义：一个是机构概念，指通过信息网络开办业务的银行；另一个是业务概念，指银行通过信息网络提供的金融服务，包括传统银行业务和因信息技术应用带来的新兴业务。在日常生活和工作中，提及网上银行，更多是第二层次的概念，即网上银行服务的概念。网上银行业务不仅仅是传统银行产品简单从网上的转移，其他服务方式和内涵发生了一定的变化，而且由于信息技术的应用，又产生了全新的业务品种。

网上银行又称网络银行、在线银行，是指银行利用互联网技术，通过互联网向客户提供开户、查询、对账、行内转账、跨行转账、信贷、网上证券、投资理财等传统服务项目，使客户足不出户就能够安全便捷地管理活期和定期存款、支票、信用卡及个人投资等。可以说，网上银行是在互联网上的虚拟银行柜台。

网上银行又称为"3A银行"，因为它不受时间、空间限制，能够在任何时间（Anytime）、任何地点（Anywhere）、以任何方式（Anyway）为客户提供金融服务。

（二）网上银行的特点

1. 全面实现无纸化交易

以前使用的票据和单据大部分被电子支票、电子汇票和电子收据所代替；原有的纸币被电子货币，即电子现金、电子钱包、电子信用卡所代替；原有纸质文件的邮寄变为通过数据通信网络进行传送。

2. 服务方便、快捷、高效、可靠

通过网络银行，用户可以享受到方便、快捷、高效和可靠的全方位服务。任何需要的时候使用网络银行的服务，不受时间、地域的限制，即实现3A（Anywhere, Anyhow, Anytime）服务。

3. 经营成本低廉

由于网络银行采用了虚拟现实信息处理技术，网络银行可以在保证原有的业务量不降低的前提下，减少营业点的数量。

4. 简单易用

网上E-mail通信方式也非常灵活方便，便于客户与银行之间以及银行内部的沟通。

（三）网上银行的服务功能

商业银行提供的基本网上银行服务包括在线查询账户余额、交易记录、下载数据、转账和网上支付等。

1. 网上投资

由于金融服务市场发达，可以投资的金融产品种类众多，国内的网上银行一般提供包括股票、期权、共同基金投资和CDS（信用违约合同）买卖等多种金融产品服务。

2. 网上购物

商业银行的网上银行设立的网上购物协助服务，大大方便了客户网上购物，为客户在相同的服务品种上提供了优质的金融服务或相关的信息服务，加强了商业银行在传统竞争领域的竞争优势。

3. 个人理财助理

个人理财助理是国内网上银行重点发展的一个服务品种。各大银行将传统银行业务中的理财助理转移到网上进行，通过网络为客户提供理财的各种解决方案，提供咨询建议，或者提供金融服务技术的援助，从而极大地扩大了商业银行的服务范围，并降低了相关的服务成本。

4. 企业银行

企业银行服务是网上银行服务中最重要的部分之一，其服务品种比个人客户的服务品种更多，也更为复杂，对相关技术的要求也更高，所以能够为企业提供网上银行服务是商业银行实力的象征之一，一般中小网上银行或纯网上银行只能部分提供，甚至完全不提供这方面的服务。

企业银行服务一般提供账户余额查询、交易记录查询、总账户与分账户管理、转账、在线支付各种费用、透支保护、储蓄账户与支票账户资金自动划拨、商业信用卡等服务。此外，还包括投资服务等。部分网上银行还为企业提供网上贷款业务。

5. 其他金融服务

除了银行服务外，大商业银行的网上银行均通过自身或与其他金融服务网站联合的方式，为客户提供多种金融服务产品，如保险、抵押和按揭等，以扩大网上银行的服务范围。

（四）网上银行的开通

各个银行开通网银的流程大致一样，但是具体步骤可能不同，本书以中国建设银行（以下简称建行）为例来介绍网银的开通过程。

已持有建行龙卡的客户可通过以下两种方式开通建行个人网上银行。方式一：登录建行信息服务网站（www.ccb.cn）直接开通建行个人网上银行；方式二：到建行营业网点签约建行个人网上银行。选择任何一种方式开通建行个人网上银行服务后，都可以使用网上银行的相关功能。两种方式的网上银行服务开通详细流程如下。

方式一：网上申请方式。

（1）登录建行服务网站（www.ccb.com），单击"网上银行服务"，如图3-1所示。

图3-1 中国建设银行首页

（2）点击页面左边蓝色字体的"马上开通网上银行"，根据自己的业务需要选择其中的一种开通，如图3-2所示。

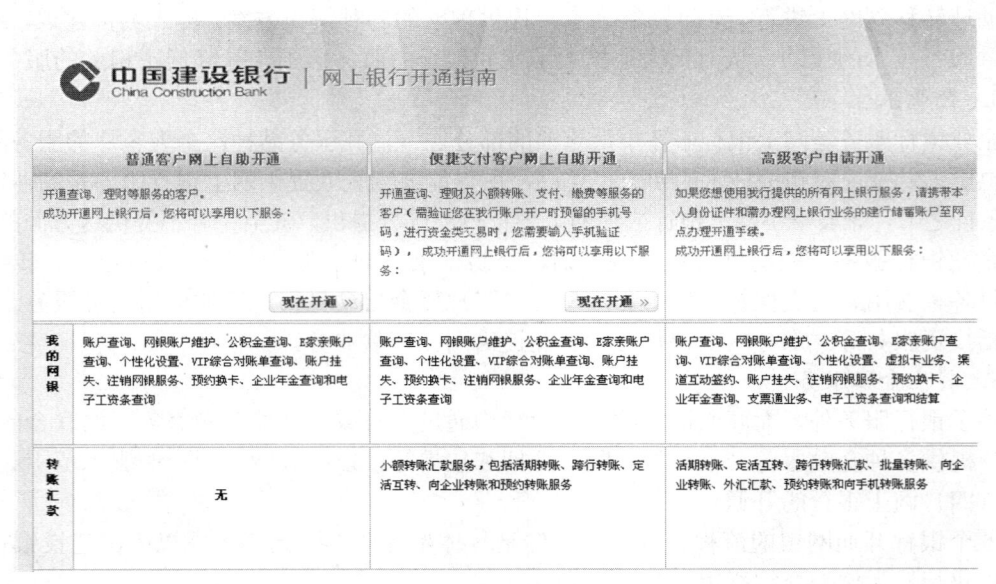

图3-2 建行网上银行开通指南

（3）根据页面提示，阅读《中国建设银行电子银行个人客户服务协议风险提示》，填写《中国建设银行网上银行个人申请表》，如图3-3所示。

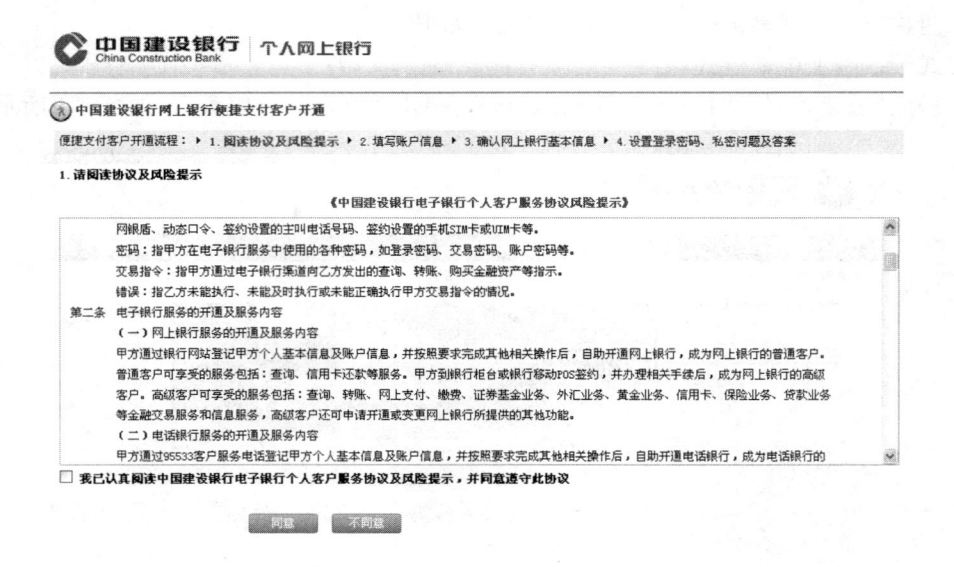

图3-3 建行网上银行开通协议

（4）同意《中国建设银行电子银行个人客户服务协议风险提示》以后，填写账户相关信息。需要注意的是，顾客所填写的信息必须真实，填写的账号信息必须是用户本人在建行开立的实名留密账户，否则无法注册成功，如图3-4所示。

图 3-4　开通网银相关信息设置

（5）用户信息填写完成后，确认无误，单击"确定"按钮。

（6）页面提示申请成功，如图 3-5 所示，该页面在 4 秒钟内跳转至登录页面。这时已经开通了建行网上银行，可以进行相关功能的使用了。

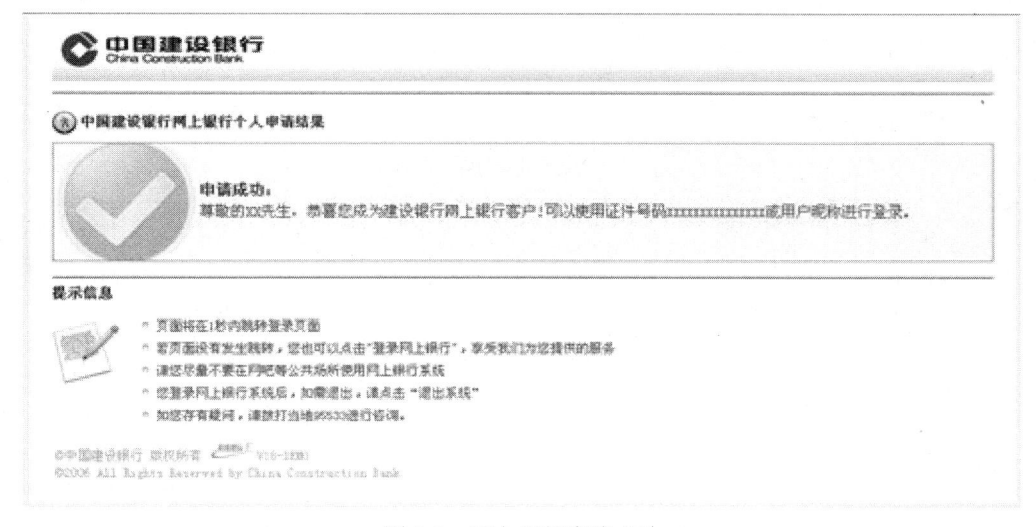

图 3-5　网上银行申请成功

方式二：直接到建行网点签约个人网上银行。

（1）携带本人建行账户、开户证件到任一建行营业网点，如实填写《中国建设银行电子银行服务个人客户申请表》并交给网点营业人员。

（2）建行营业人员办理完签约手续后退回一联，在银行打印栏内打印出顾客要签约的账户，顾客签字确认。

（3）需要在 7 天内登录建行网站（www.ccb.com），单击"个人网上登录"，如图 3-6 所示。

图 3-6　个人网银的登录首页

（4）打开建行个人网上银行登录页面，输入相关信息，如图 3-7 所示。

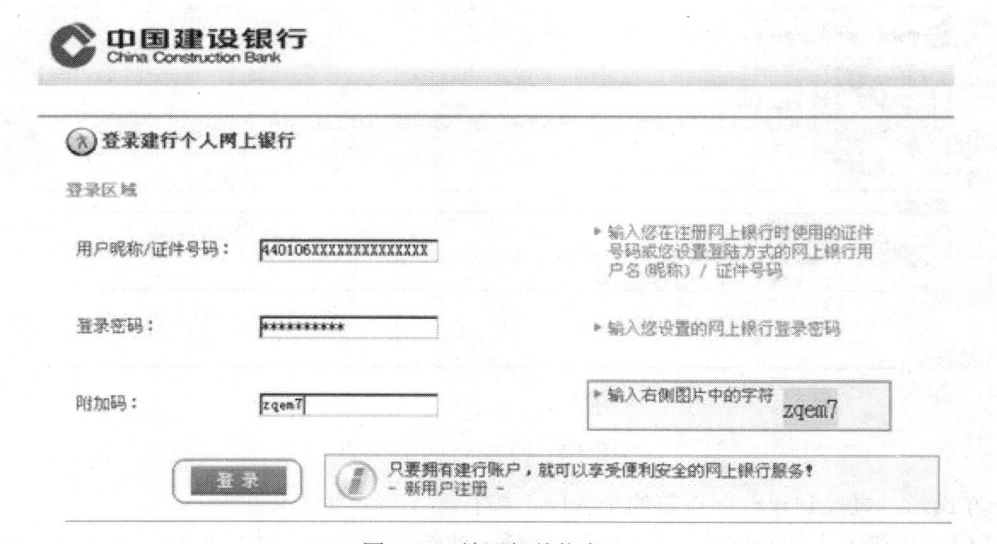

图 3-7　填写相关信息

（5）如果是首次登录，还需要输入银行卡账户及取款密码，如图 3-8 所示。
（6）输入客户姓名，设置网银交易密码后提交。
（7）进入证书下载页面，按照提示下载证书，直到提示证书安装成功。证书下载后就可以在电脑上进行网上银行各种功能的使用了。

图 3-8　输入账号密码

网上银行的出现给我们的生活带来了便利，提高了银行的工作效率，为银行节省了成本和开支，是信息化技术发展的必然结果。

任务 2　选择第三方支付

一、任务导入

小丽使用网上银行进行网购后，老爸看到网购这么便利而且还比实体店的价格实惠，对网购产生了很大的兴趣，但是使用网银每次都要先往银行卡里充钱才能购买，农村离银行又比较远，实在不太方便，小丽说网上使用第三方支付很方便，小丽决定把这种方法教给老爸，以便更好地进行网上交易，可老爸对于第三方支付根本就没有听说过，真的很迷茫。

二、任务分析

在传统购物过程中消费者可以选择现金支付、银行卡支付。在网购过程中人们的支付方式有很多，最常见的就是网银支付。没有网银，消费者一样可以实现网购的过程，这就需要用到第三方支付。

三、知识百宝箱

（一）第三方支付的概念

第三方支付就是一些和国内各大银行签约并具备一定实力和信誉保障的第三方独立机构提供的交易支持平台。在通过第三方支付平台的交易中，买方选购商品后，使用第三方平台提供的账户进行货款支付，由第三方通知卖家货款到达、进行发货；买方检验物品后，就可以通知付款给卖家，第三方再将款项转至卖家账户。

相对于传统的资金划拨交易方式，第三方支付可以比较有效地保障货物质量、交易诚信、退换要求等环节，在整个交易过程中，都可以对交易双方进行约束和监督。在不需要面对面的电子商务形式中，第三方支付为保证交易成功提供了必要的支持，因此随着电子商务在国内的快速发展，第三方支付行业也发展得比较快。

（二）第三方支付的特点

第一，第三方支付平台提供一系列的应用接口程序，将多种银行卡支付方式整合到一个界面上，负责交易结算中与银行的对接，使网上购物更加快捷、便利。消费者和商家不需要在不同的银行开设不同的账户，可以帮助消费者降低网上购物的成本，帮助商家降低运营成本；同时还可以帮助银行节省网关开发费用，并为银行带来一定的潜在利润。

第二，较之SSL（安全套接层协议）、SET（安全电子交易协议）等支付协议，利用第三方支付平台进行支付操作更加简单而易于接受。SSL是现在应用比较广泛的安全协议，在SSL中只需要验证商家的身份。SET协议是目前发展的基于信用卡支付系统的比较成熟的技术，但在SET中，各方的身份都需要通过CA进行认证，程序复杂，手续繁多，速度慢且实现成本高。有了第三方支付平台，商家和客户之间的交涉由第三方来完成，使网上交易变得更加简单。

第三，第三方支付平台本身依附于大型的门户网站，且以与其合作的银行的信用作为信用依托，因此第三方支付平台能够较好地突破网上交易中的信用问题，有利于推动电子商务的快速发展。

（三）典型的第三方支付平台

1. 支付宝

支付宝（中国）网络技术有限公司是国内领先的独立第三方支付平台，由阿里巴巴集团创办。支付宝（www.alipay.com）致力于为中国电子商务提供"简单、安全、快速"的在线支付解决方案。支付宝公司从2004年建立开始，始终以"信任"作为产品和服务的核心。不仅从产品上确保用户在线支付的安全，同时让用户通过支付宝在网络间建立起相互的信任，为建立纯净的互联网环境迈出了非常有意义的一步。

支付宝创新的产品技术、独特的理念及庞大的用户群吸引了越来越多的互联网商家主动选择支付宝作为其在线支付体系。目前除淘宝和阿里巴巴外，支持使用支付宝交易服务的商家已经超过46万家；涵盖了虚拟游戏、数码通信、商业服务、机票等行业。这些商家在享受支付宝服务的同时，更是拥有了一个极具潜力的消费市场。

支付宝在电子支付领域稳健的作风、先进的技术、敏锐的市场预见能力及极大的社会责任感赢得银行等合作伙伴的认同。目前国内中国工商银行、中国农业银行、中国建设银行、招商银行、上海浦发银行等各大商业银行以及中国邮政、VISA国际组织等各大机构均和支付宝建立了深入的战略合作，不断根据客户需求推出创新产品，成为金融机构在电子支付领域最为信任的合作伙伴。

使用支付宝进行支付非常快捷方便，过程主要分为以下几个步骤：

（1）登录支付宝，点击"交易记录"，可以看到最近购买还没有付款的订单，如图3-9所示。

（2）点击"付款"，进入付款页面，如果支付宝账户有余额，可以使用支付宝账户的余额进行支付交易款，只要输入支付宝账户的"支付密码"就可以进行支付，如图3-10所示。

（3）如果支付宝账户余额不够，可以选择其他相应的付款方式进行付款，如图3-11所示。

图 3-9　支付宝中未付款的订单

图 3-10　使用支付宝余额直接支付

（4）选择自己开通网银的一种银行卡，比如中国银行，点击进入中国银行网上银行页面，如图 3-12 所示。

2．财付通

（1）财付通是腾讯集团旗下中国领先的第三方支付平台，一直致力于为互联网用户和企业提供安全、便捷、专业的在线支付服务。自 2005 年成立以来，财付通就以"安全便捷"作为产品和服务的核心，不仅为个人用户创造 200 多种便民服务和应用场景，还为 40 多万大中型企业提供专业的资金结算解决方案。经过多年的发展，财付通服务的个人用户已超过 2 亿，服务的企业客户也超过 40 万，覆盖的行业包括游戏、航旅、电子商务、保险、电信、物流、钢铁、基金等。结合这些行业特性，财付通提供了快捷支付、财付通余额支付、分期支付、委托代扣、epos 支付、微支付等多种支付产品。

图 3-11　其他付款方式

图 3-12　使用网上银行支付

（2）微信与财付通的结合使得第三方支付更加方便快捷：微信"摇一摇"直接向好友转账，这一支付场景和模式将用于聚餐、KTV 等集体活动中；二维码扫描与支付结合，可实现"即拍即买"，拍摄商品二维码可进行购买和支付；微生活会员卡可获得商家优惠，并可及时支付，免去了定位、排队等环节。

（3）财付通功能介绍。

1）财付通充值。

首先登录财付通，点击"充值"，如图 3-13 所示。

项目三 体验电子商务购物

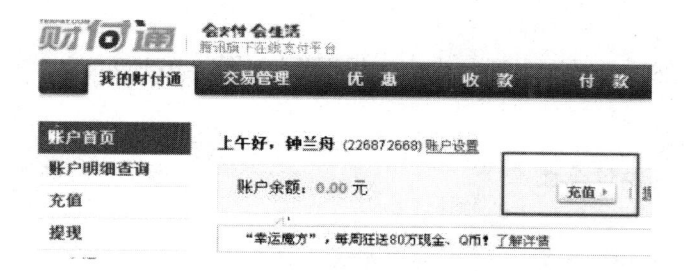

图 3-13 财付通账户管理

然后选择网上银行、充值方式及银行，输入充值金额，如图 3-14 所示。

图 3-14 网上银行选择页面

选择银行后点击"确认"去银行页面确认付款即可，如图 3-15 所示。

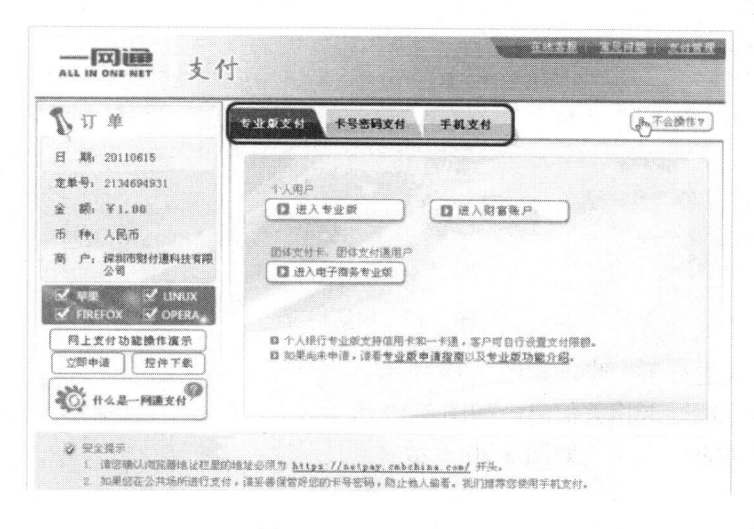

图 3-15 银行付款页面

2）财付通的提现。

先添加提现银行，然后登录财付通，点击"提现"，如图3-16所示。

图3-16　财付通提现页面

然后点击"申请提现"，页面如图3-17所示。

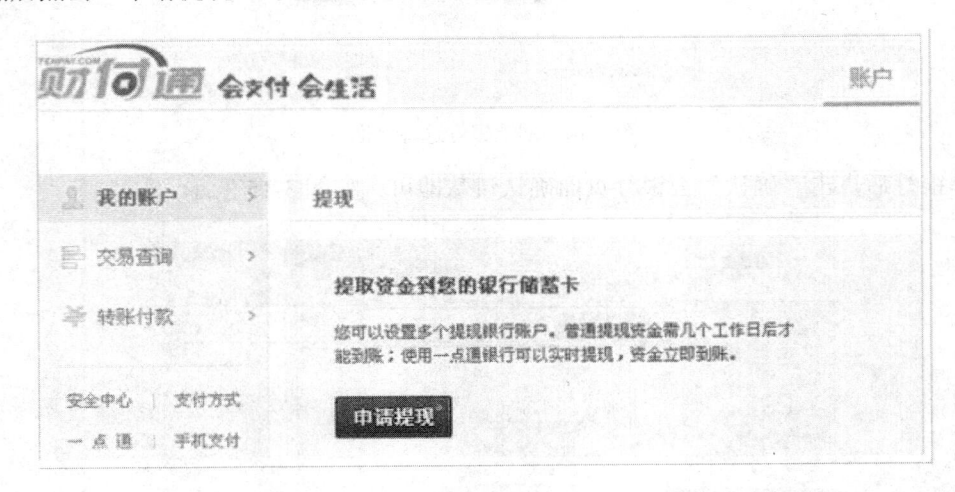

图3-17　申请提现

选择提现方式进行下一步，如图3-18所示。
然后填写提现银行卡相关信息，如图3-19所示。
最后确认即可添加成功，如图3-20所示。

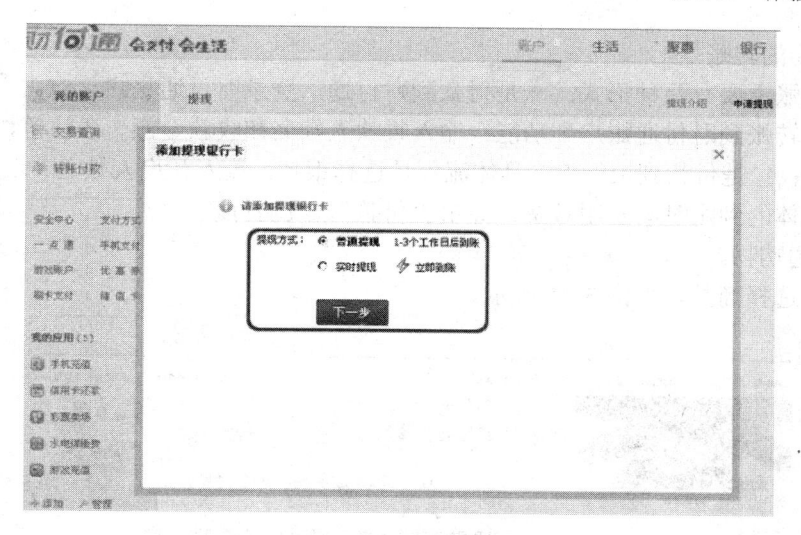

图 3-18　选择提现方式

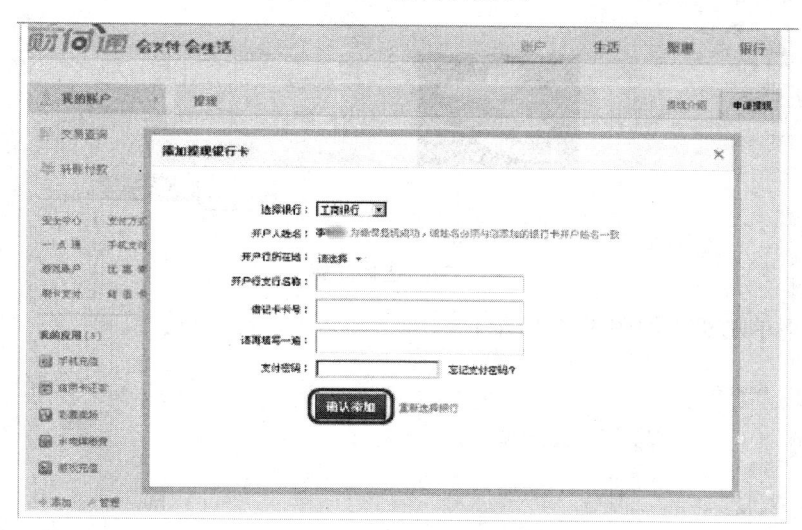

图 3-19　填写银行卡信息

图 3-20　申请提现

3）财付通的转账。

财付通转账主要有两种形式：一是付款到财付通，登录财付通账户，点击"转账付款"功能，选择"转账到财付通账户"功能，输入收款人姓名和收款金额、备注等，点击"付款"即可完成付款；二是付款到银行卡，具体流程是选择银行，输入开户人姓名、银行卡号、付款金额，选择具体的到账时间及服务费，点击"付款"，成功付款。

4）财付通购物。

第一步，选择商品，如图3-21所示。

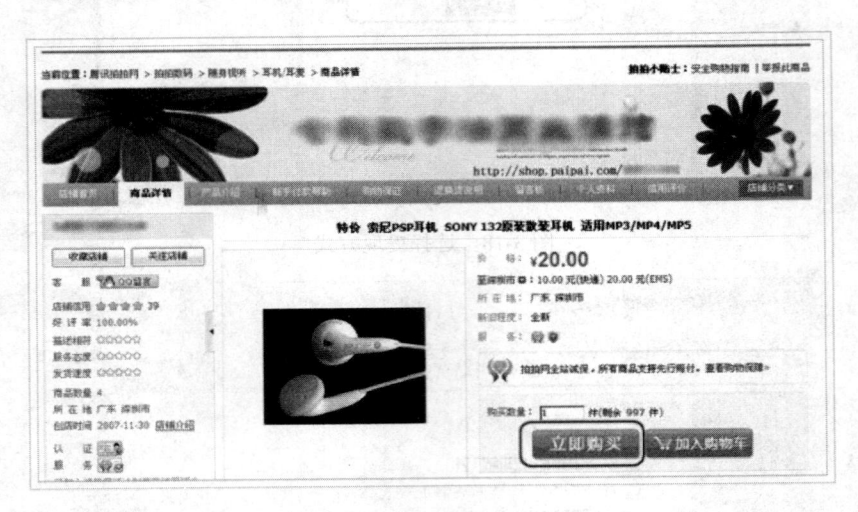

图 3-21 选择商品

第二步，下单购买，如图3-22所示。

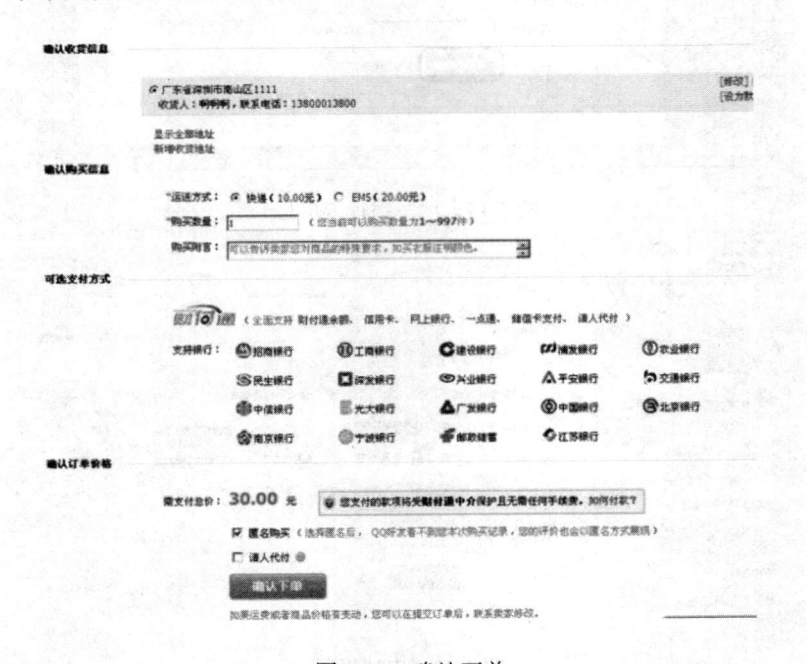

图 3-22 确认下单

第三步，付款到财付通，如图 3-23 所示。

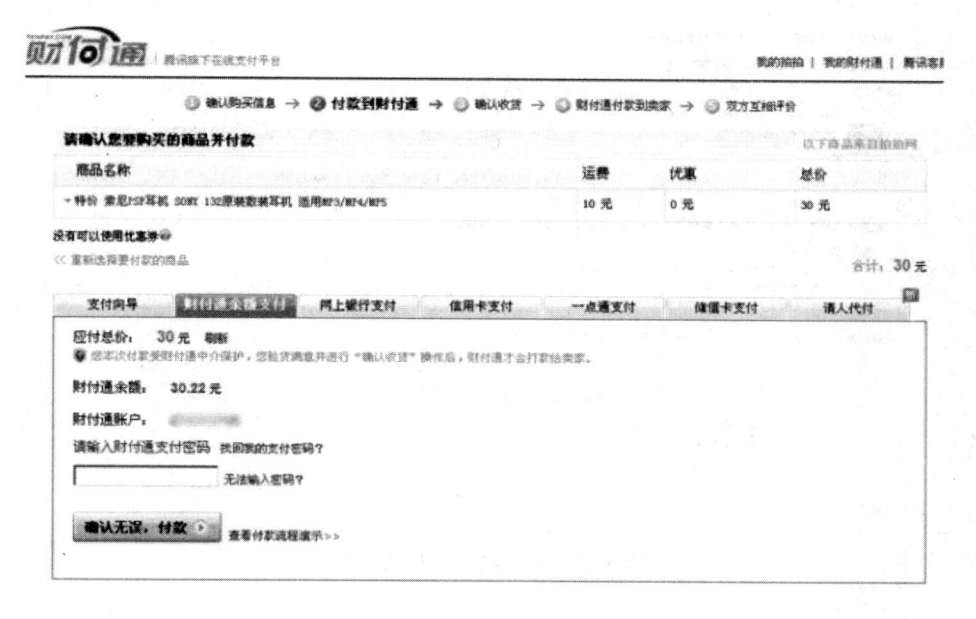

图 3-23　付款到财付通

第四步，成功付款到财付通，等待卖家发货，如图 3-24 所示。

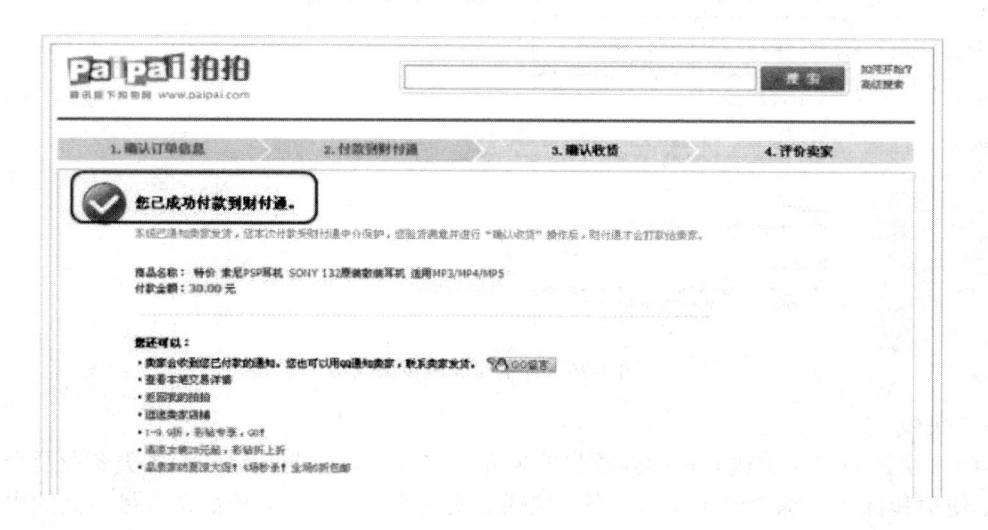

图 3-24　付款到财付通

第五步，登录财付通点击"确认收货"，同意打款给卖家，如图 3-25 所示。
第六步，收货成功，钱转给卖家，如图 3-26 所示。

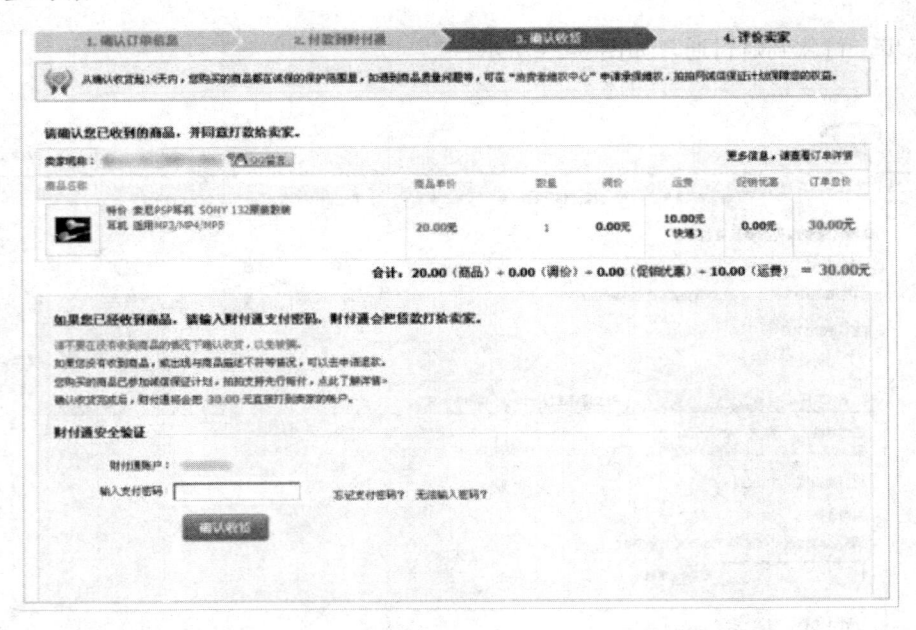

图 3-25　确认收货，打款给卖家

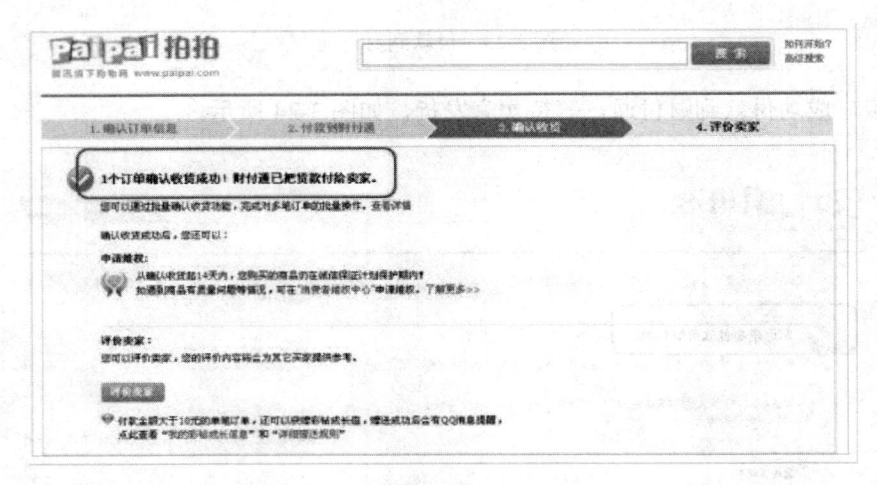

图 3-26　订单完成，转账成功

3. 快钱

（1）快钱公司（快钱）是国内领先的独立第三方支付企业，旨在为各类企业及个人提供安全、便捷和保密的综合电子支付服务。快钱是支付产品最丰富、覆盖人群最广泛的电子支付企业，其推出的支付产品包括但不限于人民币支付、外卡支付、神州行支付、代缴/收费业务、VPOS（银行卡支付产品）服务、集团账户管理等，支持互联网、手机、电话和POS（销售点）等多种终端，满足各类企业和个人的不同支付需求。快钱同中国工商银行、中国建设银行、中国银行、中国农业银行、中国银联、招商银行、交通银行、中国光大银行、中国民生银行、中国邮政储汇局、华夏银行、兴业银行、中信银行、深圳发展银行、上海浦东发展银行、上海农村商业银行、广东发展银行、广州市商业银行、广州农村信用合作社等金融机构结成战略合作伙伴，并开通 VISA 国际卡在线支付，服务覆盖国内外 30 亿张银行卡。快钱和多家国内外知名企业（如网易、搜狐、百度、TOM、当当、柯达、神州数码、万网、国美、三联家电等公司）达成战略合作。综合全面的支付产品，精益求精的服务理念，将使快钱赢得更多企业及消费者的信赖，以创造支付行业实力品牌。

（2）快钱的产品服务。快钱公司是国内第一家提供基于 E-mail 和手机号码的网上收付款服务的互联网企业，以提供在线收付款服务为核心内容，同时不断更新及拓展服务领域，本着安全、便捷的宗旨，为用户提供更良好的服务。快钱可以提供如下产品服务：

1）账户充值。用户可以通过银行卡、银行账户、网银转账或线下充值等方式为自己的快钱账户充值，充值完成后即可用账户内的资金安全轻松地进行在线支付。

2）账户提现。用户可以随时将快钱账户内的资金提取到银行账户中。

3）支付服务。快钱支付服务是快钱推出的强大的在线收付款平台，可以帮助用户的网站迅速搭建安全便捷的网上支付系统。服务产品包括人民币支付、神州行支付、外卡在线支付、B2B 支付、VPOS 支付。快钱支付服务使商家避免了与每家银行单独签定协议的繁琐手续和搭建支付平台的技术挑战，大大降低了商家在线交易的门槛，帮助各类企业和个人商家解决电子商务中的在线支付问题，使商家突破支付瓶颈，获得安全便捷的支付渠道。

4）退款功能。接入快钱支付服务的商家可以通过退款功能实现对消费者的退款操作。

5）网上付款。通过快钱账户的网上付款功能，用户可以轻松地在线把货款支付给收款方。

6）批量付款。快钱向企业用户提供批量付款功能，该功能帮助用户一次性处理多笔在线支付业务，减少重复进行单笔付款操作的麻烦。用户只需下载并填写一张快钱指定的 Excel 模版，将该文件上传后，就可以一次性完成批量付款的操作。批量付款操作同样包括批量付款到快钱账户及批量付款到银行账户。

7）优惠券。对于用快钱支付货款进行消费的快钱用户，优惠券是十分受欢迎的产品，用户领取优惠券后，就能在对应的商家网站进行消费时享受到相应的优惠。对于接入了快钱支付，用快钱进行在线收款的企业用户，优惠券是十分强大的营销工具，商家可以免费向广大快钱用户发行自己的优惠券并加以管理，开展促销活动。

8）快钱链。快钱链是快钱为卖家提供的灵活实用的收款工具。快钱链的作用相当于一个小型在线支付服务系统，付款方只要点击快钱链，就可以通过银行卡、快钱账户或线下支付等方式直接向收款方进行付款。

9）集团账户管理。集团账户管理功能用来关联总公司和子公司的快钱账户，总公司账户可以对子公司账户进行明细和余额查询的服务；如经特殊授权，还可以实时划拨集团内相关成员在快钱账户内的资金，提高企业管理水平与资金使用效率。

10）个人服务。手机话费充值、信用卡还款、公共事业缴费、房贷、保险账单、跨行转账等功能。

4. 易宝

（1）易宝于 2003 年 8 月成立，总部位于北京，现有上千名员工，在北京、上海、天津、广东、四川、浙江、山东、江苏、福建等 20 余个省市设有分公司。自公司成立以来，易宝秉承诚信、尽责、合作、创新、分享的核心价值观，以交易服务改变生活为使命，致力成为世界一流的交易服务平台。2013 年，适值公司成立十周年之际，易宝发布了"支付+金融+营销"的升级战略，领跑电子支付和互联网金融。

易宝作为互联网金融专家，2005 年便首创了行业支付模式，陆续推出了网上在线支付、非银行卡支付、信用卡无卡支付、POS 支付、基金易购通、一键支付等创新产品，先后为数字娱乐、航空旅游、电信移动、行政教育、保险、基金、快消连锁、电商物流等众多行业提供了量身定制的行业解决方案，为产业转型及行业变革做出了积极贡献。易宝在航空旅游、数字娱乐、行政教育等多个领域保持领先地位。2011 年 5 月，易宝获得首批央行颁发的支付牌照。2012 年 3 月，易宝获得证监会颁发的基金销售支付结算许可证。2013 年 10 月，易宝支付获得国家外汇管理局批准的跨境支付业务许可证。

（2）易宝支付的特点。

1）安全性高。尽管易宝支付与支付宝、财付通等相比，市场占有率不算高，但是，如果使用过易宝支付都会感到，易宝支付的安全性是最重要的优势。易宝支付以"绿色支付"专注于电子支付的安全性能。

2）便捷性强。支付便捷性，无论支付宝、财付通还是快钱，都具有此特点。然而，不同的支付方案最重要的还是在于支付平台的安全性能与优化性能。谁也不希望在正要支付时发生不愉快的状况。其实，电子支付平台运营多年，出错是常有的事。这除了与使用者本身出错有关外，还与支付平台的性能有关。易宝支付是专注于支付性能的平台，让用户支付时避免错误发生，许多易宝支付的用户在支付时都有顺利、安心的体会。

3）经常推出优惠活动。易宝支付经常与合作的银行推出优惠活动，例如，持民生银行信用卡的用户使用易宝支付还款，就可以获得代金券或者进行礼品抽奖等；用易宝支付可以享受四川航空投保等。此外，使用易宝支付，支持信用卡还款的银行也比较广泛，个人日常的缴费更是轻松自如。

5. 安付通

安付通是易趣网上购物提供的第三方支付系统，是由易趣联合中国工商银行、中国建设银行、招商银行和银联电子支付服务有限公司提供的一种促进网上安全交易的支付手段。网上买家通过安付通付钱给网络卖家，易趣在交易过程中自始至终充当第三方并且控制付款流程。买家收到物品后决定是否将货款支付给卖家，而易趣会严格遵照买家意愿和安付通的流程规定实施放款。

任务 3　B2C 网上购物

一、任务导入

自从小丽教会老爸使用网上支付后，老爸如今真正体验到电子商务带来的便利与快捷。草莓收货的季节到了，小丽决定帮老爸进行礼品销售，可以提高草莓的价值，可是这需要花篮和包装纸盒，小丽决定去网上订购一批，再在礼盒上印上自家的地址，顾客也可以根据地址来采摘。老爸很赞成这个想法，就让小丽赶紧定制包装纸盒，小丽通过搜索发现天猫上有家专门做包装盒设计的店铺，设计的盒子很漂亮，小丽决定提供信息定制一批。

思考：这种企业公司直接给顾客提供定制产品的模式有什么特点？

二、任务分析

电子商务最大的特点就是商家可以避开中间环节将商品直接呈现给消费者，给消费者带来原创的商品和实惠的价格。企业直接面对消费者的销售模式是电子商务经营模式中重要的模式之一。

三、知识百宝箱

（一）B2C 购物模式

B2C 商城，又称网上商城系统，英文是 Online Mall System，这个单词最先提出的是英国的 Lap 公司，该公司在中国大陆设有分公司。1998 年，当时英国在线购物刚刚起步，Lap 在英国系统开发方面已经小有名气，为规范市场称谓，提出 Online Mall System 统一名称，同时还提出了 Online Shopping System（网上购物系统），Online Store System（网上商店系统），后被引入中国，也就是现在的网上商城购物系统。B2C 是电子商务按交易对象分类中的一种，即表示商业机构对消费者的电子商务。这种形式的电子商务一般以网络零售业为主，主要借助于互联网开展在线销售活动。

（二）B2C 购物过程

目前属于 B2C 模式购物的平台有很多，以下是其中一个平台的购物过程。

（1）打开网页，如图 3-27 所示。

图 3-27 京东商城首页

（2）点击页面顶部"免费注册"，进入注册页面，如图 3-28 所示，填写相关信息。

（3）注册后完善相关信息，如图 3-29 所示。

（4）用注册的账号登录首页搜索商品，可以通过左侧的商品分类和在顶部的搜索框输入商品型号查找商品，如图 3-30 所示。

图 3-28　注册账号

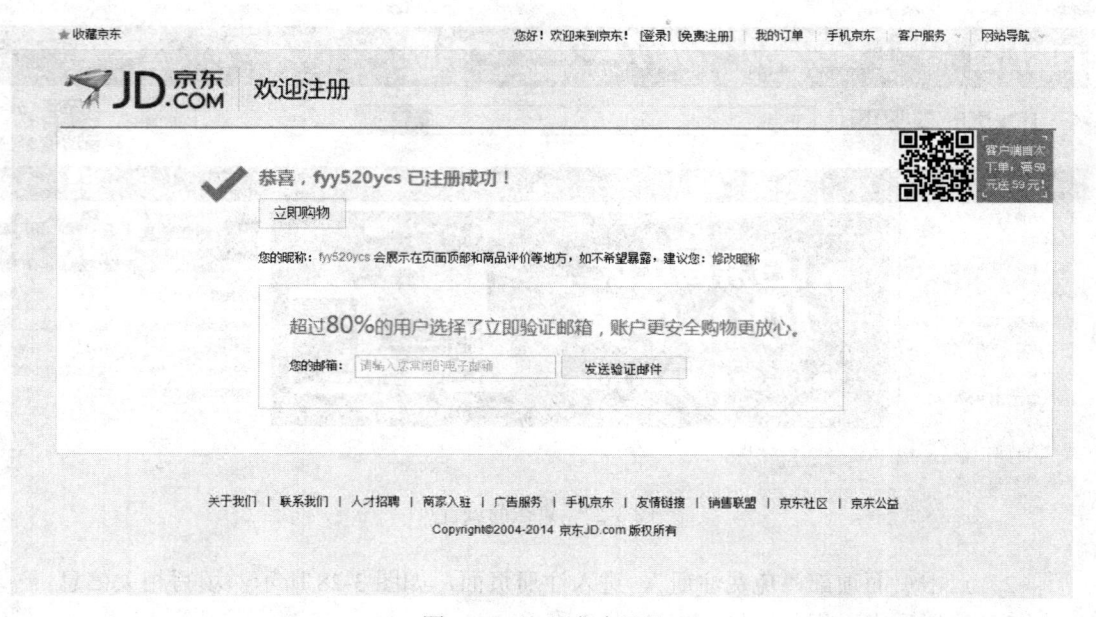

图 3-29　注册成功页面

（5）选择商品，加入购物车，如图 3-31 所示。
（6）进入购物车选择商品数量、金额并进行结算，如图 3-32 所示。

图 3-30　搜索商品

图 3-31　选择商品，加入购物车

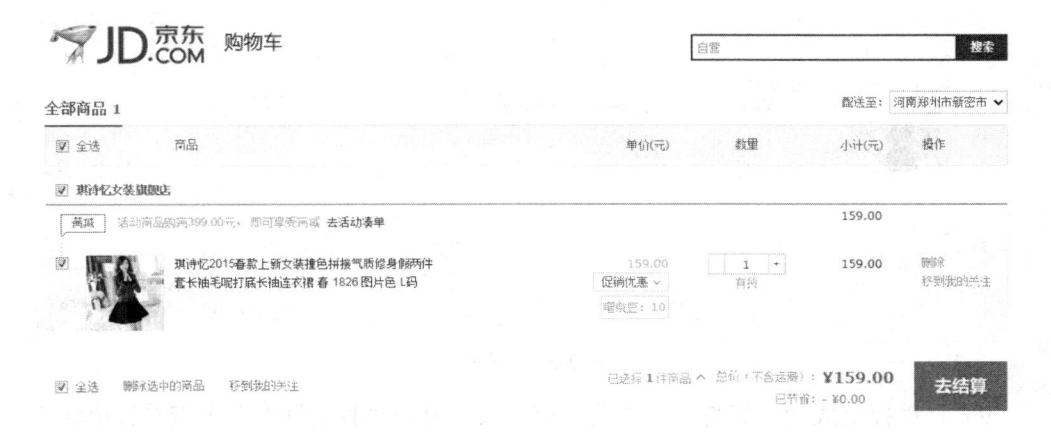

图 3-32　选择商品，提交订单

(7) 完善收货人相关信息。如有备注信息,在下方的"备注信息"中留言,如图 3-33 所示。

图 3-33 收货人信息

(8) 详细填写付款方式、发票信息、配送方式等信息,选择支付方式,提交订单即可,如图 3-34 所示。

图 3-34 订单提交

(9) 订单提交成功,等待卖家发货即可,买家可在"我的订单"中查看订单状态,如图 3-35 所示。

图 3-35　订单信息查询

任务 4　C2C 网上购物

一、任务导入

小丽的独特思维在草莓成熟季节里迎来了很多顾客进行采摘和购买，获得了不错的收益。老爸也越来越支持小丽的各种想法和做法。为了更好地扩大宣传，小丽决定凡是购买大棚产品或者来这里直接采摘的顾客均送防晒伞一把，伞上印上自家的地址和电话，这样就让顾客进行免费的宣传了。小丽听说淘宝上有这样的产品，就打算去购买一些。

目前，唯品会、京东、1 号店等这些大型购物网站也很受消费者喜欢，但是这种平台模式和淘宝模式是有很大不同的。

思考：你知道淘宝么？为什么淘宝这种购物模式越来越受消费者的喜欢？你知道哪些购物平台模式和淘宝一样？

二、任务分析

C2C 电子商务模式是一种个人对个人的网上交易行为，目前 C2C 电子商务企业采用的运作模式是通过为买卖双方搭建拍卖平台，按比例收取交易费用，或者提供平台方便个人在上面开店铺，以会员制的方式收费。我国网民已经突破了 5 亿，市场规模巨大。目前，淘宝网作为国内 C2C 市场上的领军者，其电子商务模式将会对我国电子商务的发展起到巨大的推动作用。

三、知识百宝箱

（一）C2C 销售模式

所谓 C2C 就是消费者对消费者的交易，简单地说，就是消费者提供产品或服务给其他消费者。这就类似于一个网上商场，由许多提供不同商品或者服务的经营者集中在一个网站内，消费者可以在同一个网站购买不同卖家所提供的商品或者服务。在这种情况中网站经营商扮演的角色就像是商场业主，搭建了一个供需双方见面交易的平台，提供各种服务，为买卖双方创造良好购物环境，最终促成交易。

（二）C2C 购物流程

目前属于 C2C 模式购物的平台有很多，以下是其中目前市场上销量最好的淘宝网站的购物流程。

1. 注册会员账号

（1）打开淘宝主页（www.taobao.com），如图 3-36 所示。

图 3-36　淘宝网站首页

（2）选择左上角的"免费注册"，注册会员，如图 3-37 所示。

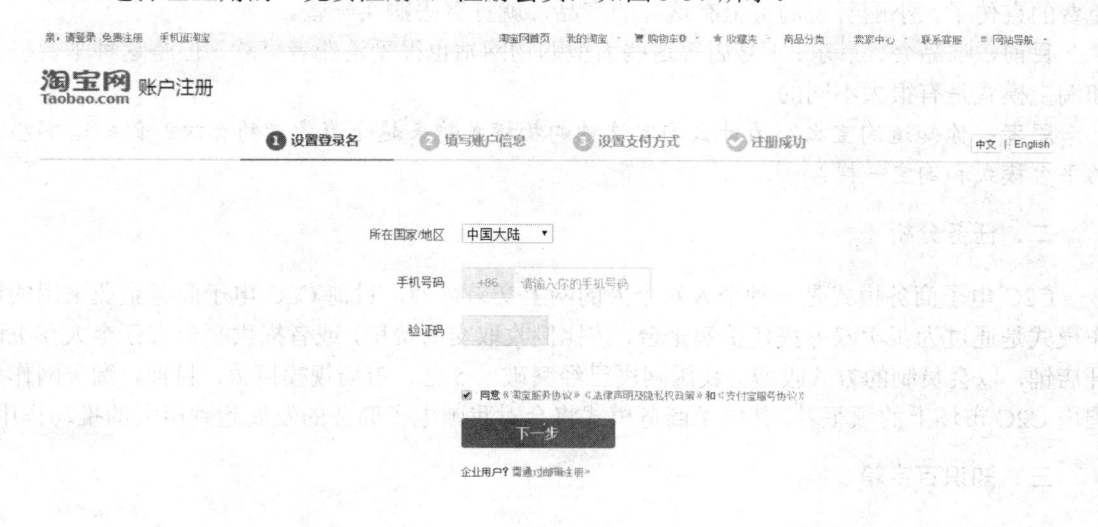

图 3-37　会员注册页面

（3）在新打开的窗口填写会员名、密码、验证码等，并单击"同意协议并注册"按钮，如图 3-38 所示。

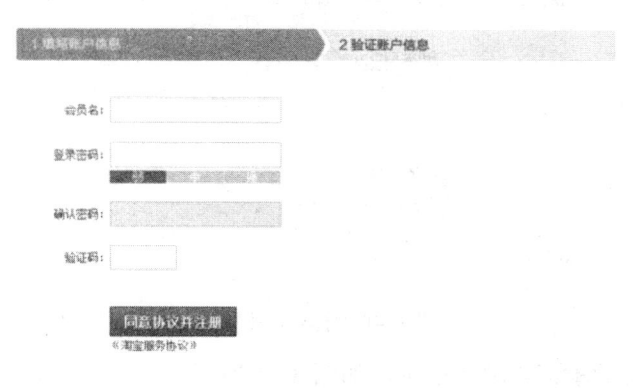

图 3-38　注册用户名

（4）填写账户信息，可以选择邮箱注册或者手机注册，可以自由选择，下面以手机注册为例，如图 3-39 所示。

图 3-39　手机、邮箱注册账号

（5）提交后，要求手机验证，输入手机号，单击"提交"按钮，如图 3-40 所示。

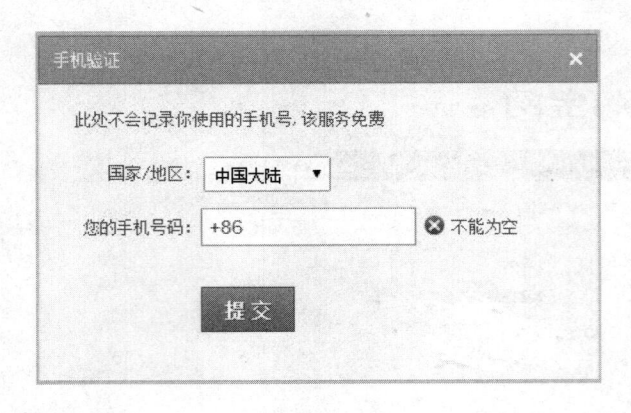

图 3-40　输入手机号码

（6）将手机收到的验证码填入框中，如图 3-41 所示。

图 3-41　输入手机验证码

（7）单击"验证"按钮，收到激活账号提示，如图 3-42 所示。

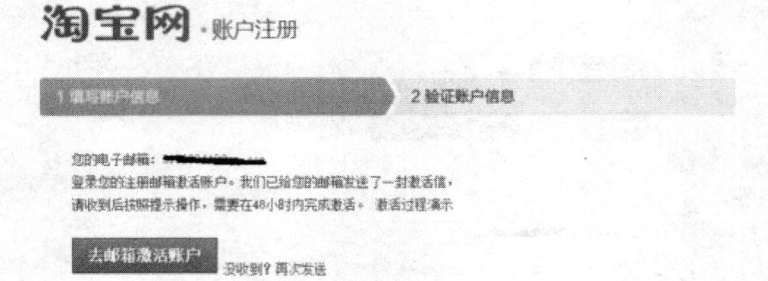

图 3-42　账号激活提示

（8）进入邮箱，单击"完成注册"按钮，如图 3-43 所示。

图 3-43　完成注册

（9）会员注册成功，如图 3-44 所示。

图 3-44　会员注册成功

2．购买商品

（1）登录会员，搜索商品，可以选择左边的类目搜索，也可以直接在上部输入商品名称搜索，如图 3-45 所示。

（2）浏览商品，选择自己喜欢的宝贝打开，如图 3-46 所示。

（3）选购商品尺码和数量，如果还要再拍其他商品，可以选择"加入购物车"，如果不再购买其他商品，可以选择"立即购买"，如图 3-47 所示。

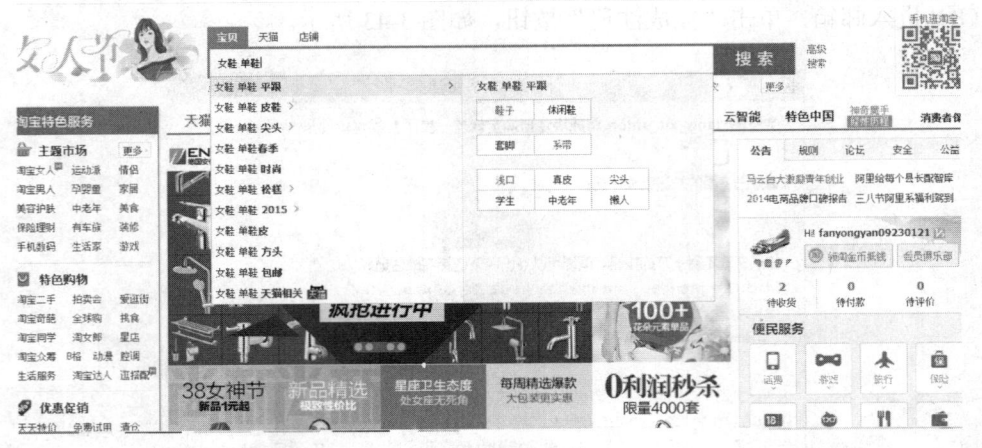

图 3-45　搜索商品

图 3-46　浏览商品

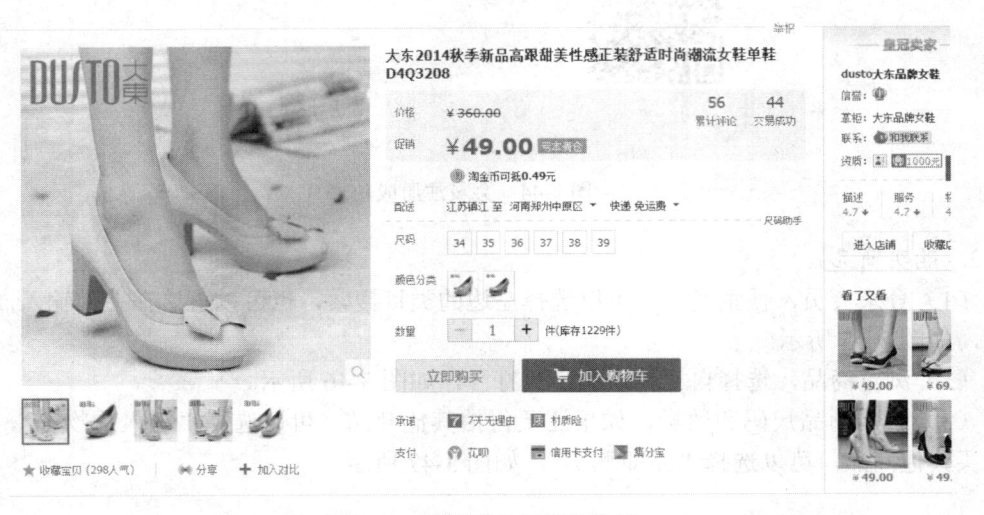

图 3-47　选择商品尺码和数量

（4）核对订单，完善收货信息，提交订单，如图 3-48 所示。

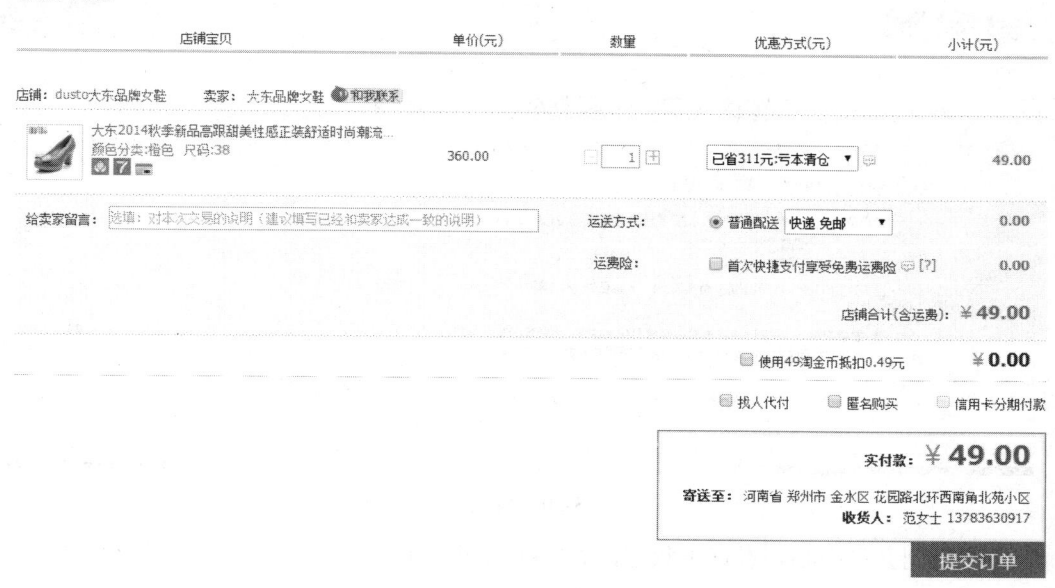

图 3-48　提交订单

（5）提交订单以后，系统会显示付款页面，如果支付宝里余额足够可以使用支付宝直接支付。如果余额不够，可以使用网上银行进行支付，如图 3-49 所示。

图 3-49　选择支付方式

（6）输入支付密码，订单提交，完成支付，如图3-50所示。

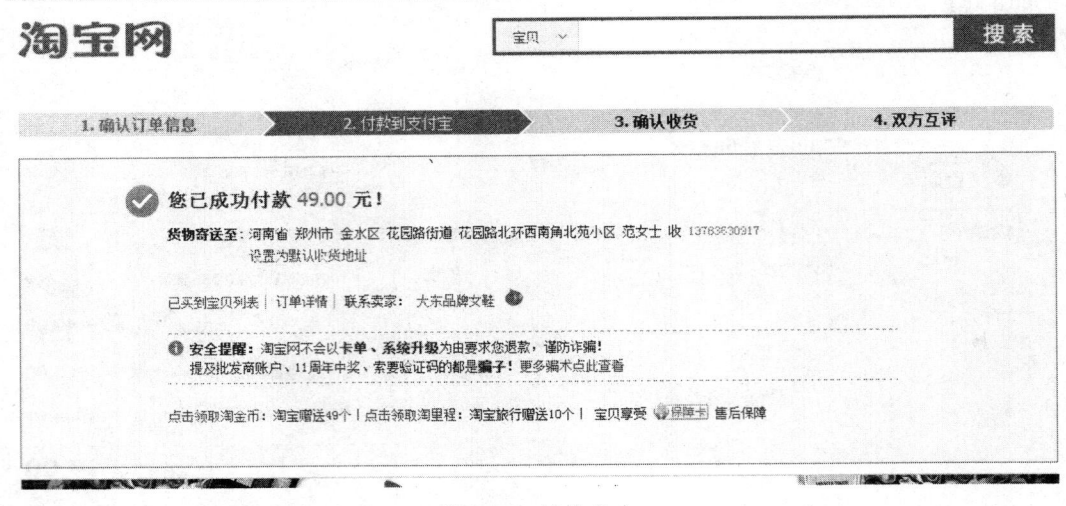

图3-50 付款成功

（7）可到会员中心查看订单状态，如图3-51所示。

图3-51 订单状态

（8）如果误拍，也可以在卖家没有发货的情况下，点击"退款"，如图3-52所示。

（9）提交申请，等待卖家处理即可，如图3-53所示。

（三）C2C购物技巧

（1）看商品的销售量。销售量大，说明深受顾客喜爱，质量各方面也都好。看评价，评价大多都是好评的那也说明东西真的不错，值得放心购买。另外，下单前要先跟卖家沟通好，以免造成不必要的麻烦。选购商品前注意下面三点：

1）看。仔细看商品图片，分辨是商业照片还是店主自己拍的实物，而且还要注意图片上的水印和店铺名以防店家在盗用其他人制作的图片。

2）问。通过客服询问产品相关问题，一是了解他/她对产品的了解，二是看他/她的态度，服务也是很重要的。

图 3-52 未发货申请退款

图 3-53 等待卖家处理退款

3）查。查店主的信用记录，看其他买家对此款或相关产品的评价。如果有中差评，要仔细看店主对该评价的解释。

（2）支付。顾客可以选择货到付款，也可以选择在线付款，必须要支持第三方支付平台支付，以给自己的支付一份安全保险。建议使用信用卡和借记卡（Debit Card）在线购物，不但方便，而且很安全，因为通过它们进行的交易都受有关法律的保护，顾客可以对付款提出质疑，并在质疑得到解决之前拒绝付账。

（3）收货。收到货物后，应尽快、仔细检查货物有无质量问题，特别是某些部件、功能是否完好，应尽早发现，以免超过保修期或保质期。另外，收货时一定索要相关凭证，如电子交易单据购物发票或收据等。

任务 5　手机购物

一、任务导入

小丽虽然周末经常回家帮爸爸干活，但是她毕竟是学生，时间没有那么自由。由于宿舍里没有联网，小丽每次网购都要趁周末的时间去网吧上网购买，比较麻烦。她听说现在的手机也可以购物了，而且还可以享受手机价格特惠，她觉得以后网购就太方便了，不用受时间的限制，决定尝试一下。

二、任务分析

中国手机购物的正式兴起是 2008 年。2009 年工业和信息化部为中国移动、中国电信和中国联通发放三张 3G 牌照，标志着中国正式进入 3G 时代。此后，随着手机用户数量的快速增长和手机支付安全性的不断提高，手机购物的流行速度飙升。时至今日，手机支付已成为最热门的手机应用之一。数据显示，有约 46.00%的用户曾经有过手机购物的体验，21.50%的用户表示准备尝试手机购物，这表明手机电子商务在我国拥有十分广阔的前景。针对这种情况，京东、当当、凡客、中国购、淘宝、1 号店等大型电子商务网站纷纷推出或完善了自身的手机购物门户，同时研发或升级自己的手机购物终端，努力改善用户体验。

手机购物已经是网购模式中一个重要的购物模式，是智能手机和信息化发展的必然结果。

三、知识百宝箱

（一）手机购物模式

手机购物，是指利用手机上网、实现网购的过程，属于移动电子商务。原理和电脑上网购物一样，只不过载体从电脑变成了上网手机。国内3G业务联手网络购物、网络支付等平台，通过超高的网速实现手机购物。未来中国的手机购物会有一个高速增长期，用户只要开通手机上网服务，就可以通过手机查询商品信息，并在线支付购买产品。

手机购物首先在国外发展，90%的日本、韩国手机用户都已经习惯在手机上消费，甚至是购买大米、洗衣粉这样的日常生活用品。在最早开通 3G 服务的日本，移动电子商务交易额已经在电子商务总体交易额的 40%左右。移动电子商务的发展，为日本众多商业企业提供了新的销售渠道，几乎所有的网上经营者都同时经营自己的移动商铺。相比传统的互联网购物，消费者用手机购物更加便捷、私密、互动，手机购物已经成为日本、韩国等国"快时尚"标志，深受城市年轻人喜爱。随着我国 3G、4G 通信技术的逐步完善，手机购物已成为我国年轻一族十分喜爱的购物方式。

（二）手机购物流程

1. 淘宝手机购物

（1）打开手机淘宝的客户端，进入淘宝首页。在淘宝首页有以下一些功能按钮：我的收藏、购物车、阿里旺旺、浏览历史、彩票、充值中心、机票、商品分类、天猫、本地生活、聚划算、读书、推推、软件市场和淘享卡，如图 3-54 所示。

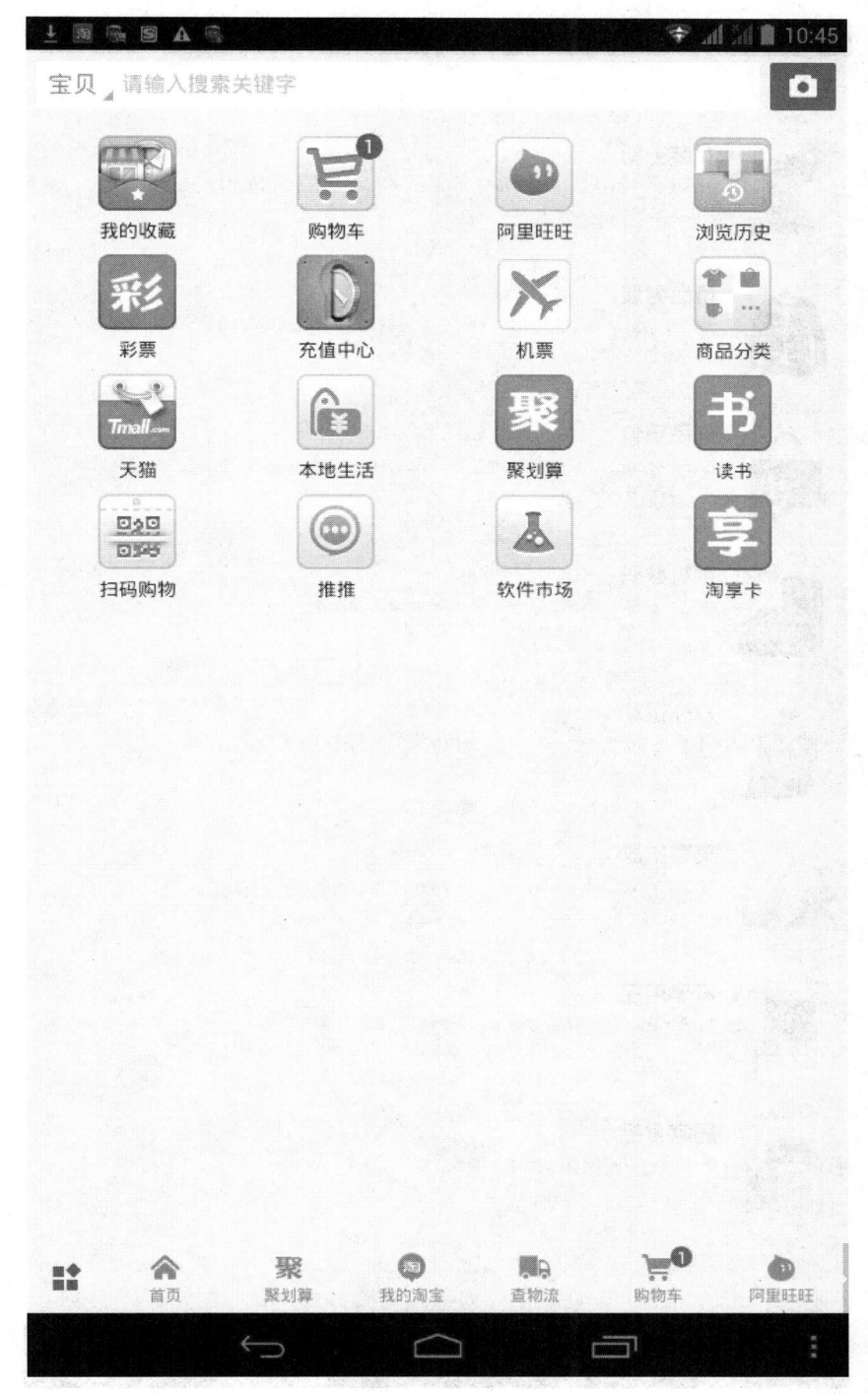

图 3-54 手机淘宝首页

（2）单击上面的功能按钮，如"天猫"进入手机天猫首页，在首页会展示女装上新、精品男装、鞋子箱包等各个大的分类，如图 3-55 所示。

图 3-55 手机类目页面

（3）可以选择自己喜欢的类目，如"精品男装"，进入下一级目录。在男装里面，系统也分了很多小类目，如工装裤、五分裤等，如图 3-56 所示。

项目三 体验电子商务购物 | 65

图 3-56 男装详细类目

（4）点击"欧美原创 T 恤"进入店铺（手机淘宝里面的每一个产品都是以一个店铺为单位的，并没有像网站那样同款有很多可以选择），也可以在手机淘宝的搜索里面实现这个功能，如图 3-57 所示。

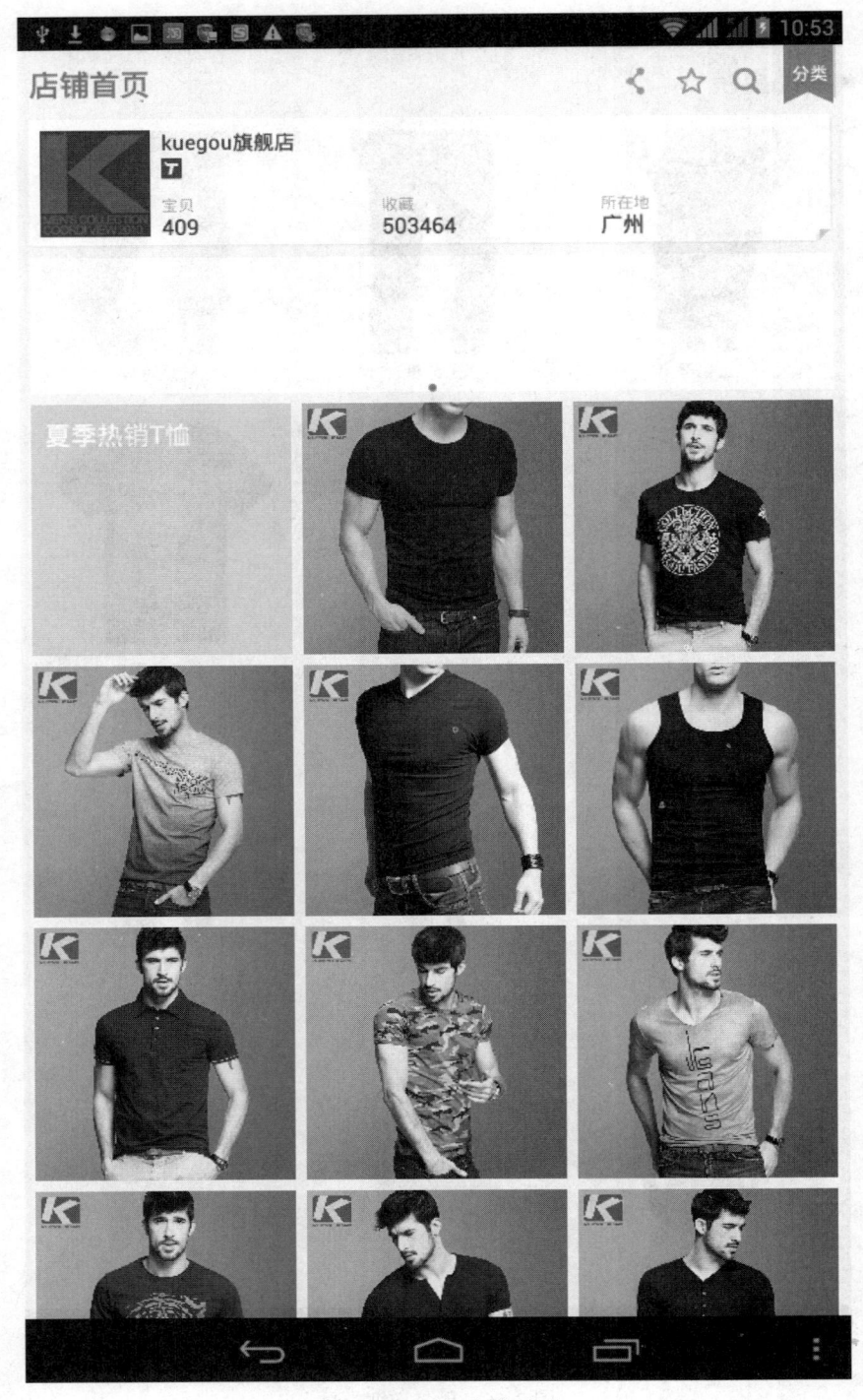

图 3-57 手机店铺页面

（5）进入店铺，浏览一下店铺大概的信息和店铺宝贝，看看有没有自己喜欢的，看到喜欢的就可以再点击进入，详细查看宝贝情况，如图 3-58 所示。

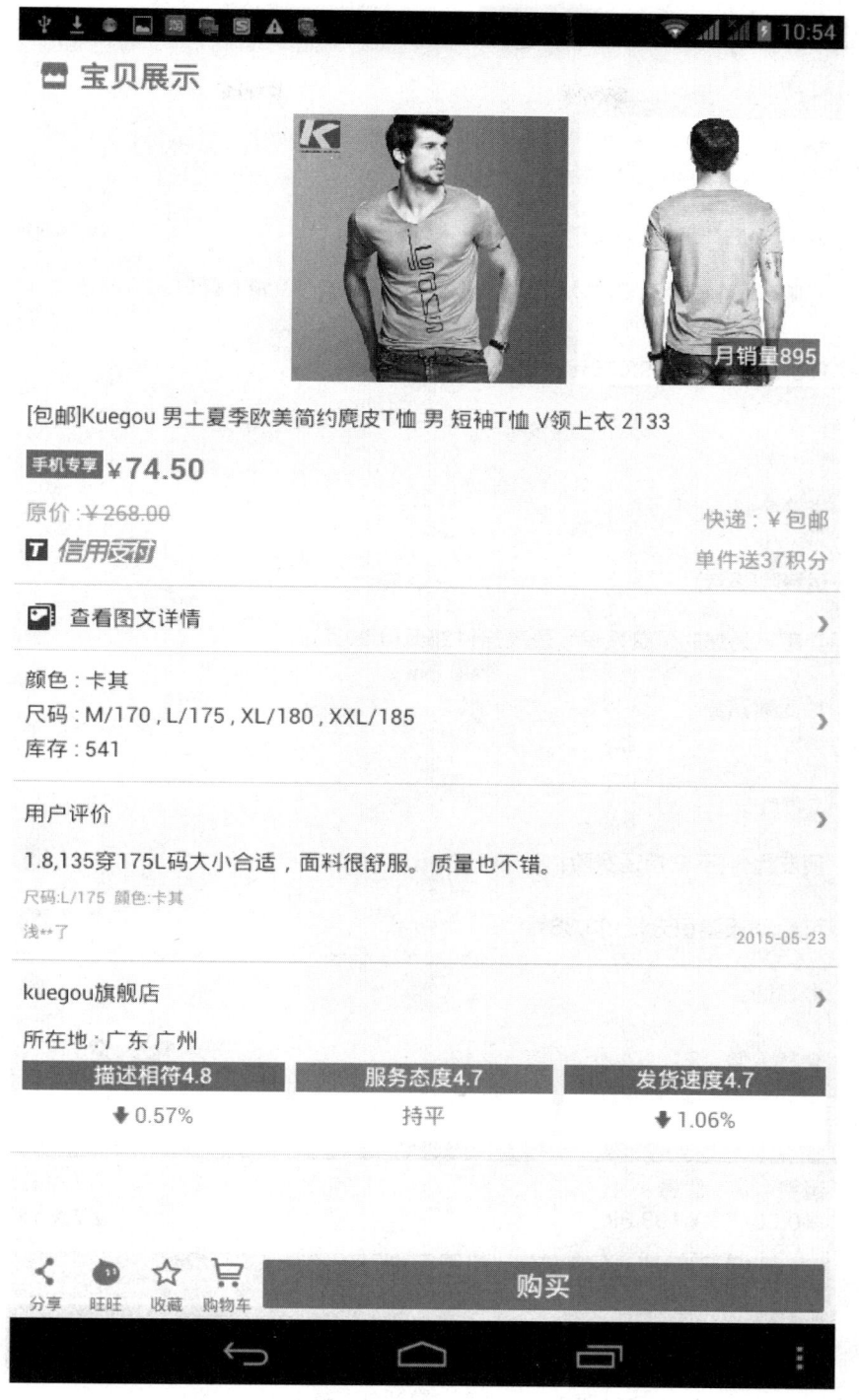

图 3-58　手机浏览商品详情

（6）经过一段时间的查看，如果确定购买，登录自己的淘宝账号，选择尺码颜色，就可以点击去结算了，如图 3-59 所示。

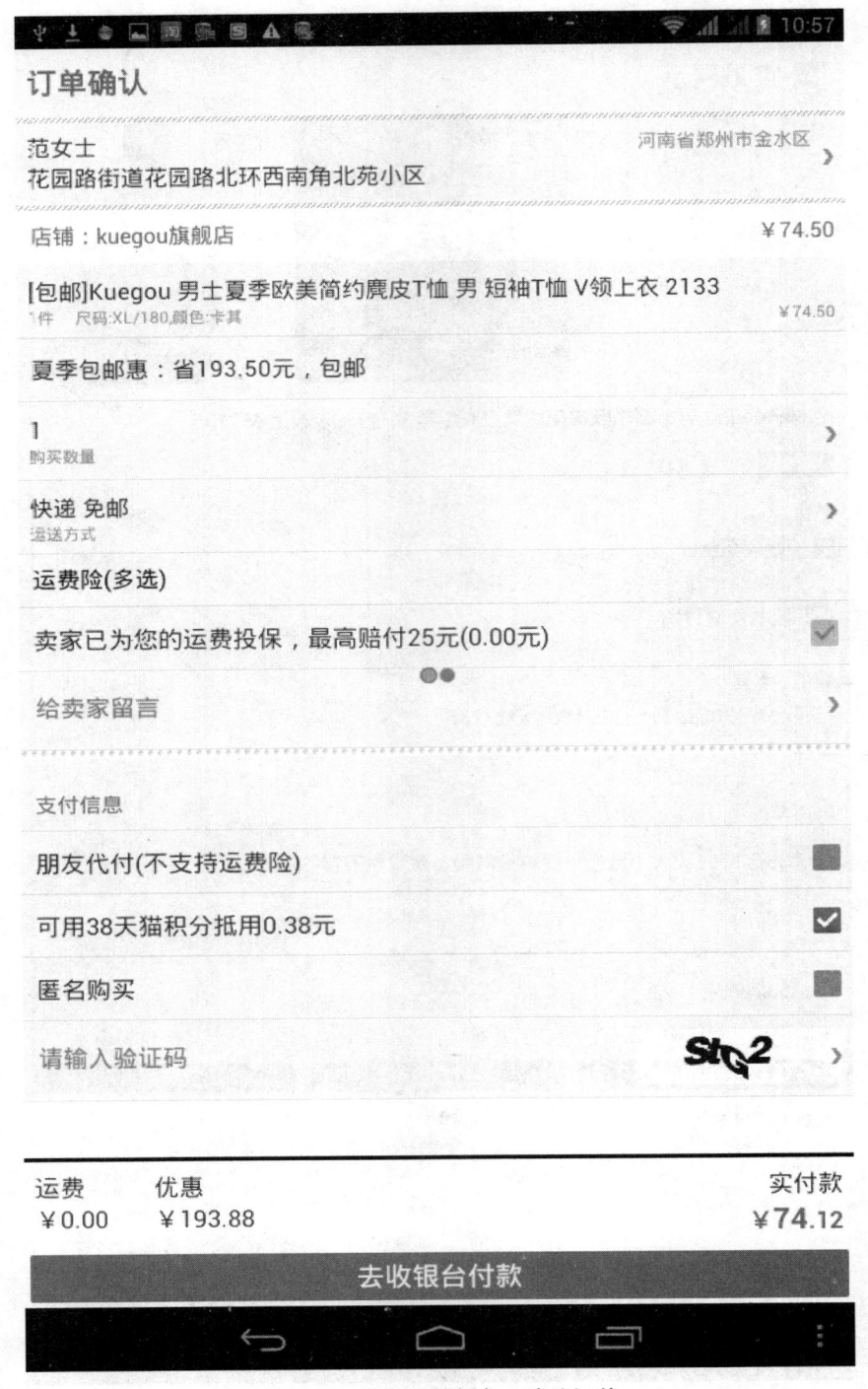

图3-59　选择尺码颜色，确认订单

（7）所有都选择好了，就可以马上去结算了，这时页面会跳转到支付宝页面，如果支付宝有足够的余款，就可以直接支付了；如果不足就必须通过银行卡进行在线支付了，如图3-60所示。

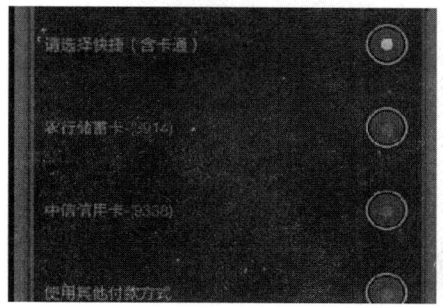

图 3-60　手机支付方式选择

（8）点击更多支付方式，系统就会列出手机淘宝所有的支付途径，选择一种提交订单即可，购物就完成了，如图 3-61 所示。

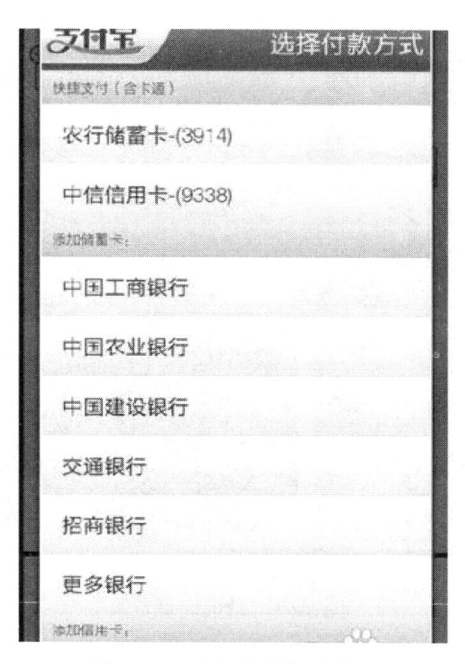

图 3-61　更多支付方式选择

2．手机微信购物

（1）进入一个开通了微信商城的订阅号，点击屏幕右下角的"在线购物"，选择"微信商城",如图 3-62 所示。

图 3-62　进入微信商城

（2）进入到微信商城页面，就可以看到公司简介、品牌故事以及商品等相关的信息，如图 3-63 所示。

图 3-63　微信商城首页

（3）点击"在线抢购"右边的"全部"就可以浏览全部上架的商品了，如图 3-64 所示。
（4）选择自己想购买的商品，进入商品详情页查看，点击"抢购"，如图 3-65 所示。
（5）在弹出"应用登录"页面中，勾选"获得你的公开信息（昵称、头像等）"，点击"允许"。

图 3-64　浏览商品

图 3-65　选择并购买商品

（6）填写"订单信息"，选择需要的商品数量，填写收货信息，选择配送时间以及支付方式，点击"提交订单"即可。

（7）选择相应的支付方式支付，订单提交成功，等待卖家发货。

【项目总结】

本项目通过理论与实际操作结合的方法，让读者充分掌握并理解电子商务的各种购物形式，学会使用各种网上支付方式，并具备正确网购的能力。

【职业技能训练】

一、填空题

1. 网上银行提供的基本服务包括_____、_____、_____、_____和_____。
2. 在通过第三方支付平台的交易中，_____选购商品后，使用第三方平台提供的账户进行货款支付，由_____通知_____货款到达、进行发货。
3. 国内典型的第三方支付平台有_____、_____、_____、_____和_____。
4. 淘宝会员账号注册可以选择_____注册或者_____注册。
5. 手机购物是指利用_____进行上网、实现网购的过程，属于_____电子商务。

二、判断题（正确的打"√"，错误的打"×"）

1. 网络购物是社会发展的一种趋势，必将完全代替传统购物。（ ）
2. 1号店属于B2C购物网站。（ ）
3. 淘宝和天猫都属于阿里巴巴集团下的企业，它们的经营模式是一样的。（ ）
4. 买卖双方之间各自因违约而产生的违约责任风险应由网络交易中心承担。（ ）
5. 电子商务涉及数字化的管理，随着电子化水平的提高，诸多交易的无纸化必然给各项监管工作带来困难。（ ）

项目四　电子商务支付与安全

【项目情景设计】

通过老师的帮助和自己的学习，小丽决定在淘宝网上开一家蔬菜超市。可是还有一些关键性的问题令她有些担心，如当自己的蔬菜卖出去以后该如何才能收到买家的钱呢？还有就是会不会碰到骗子呢？毕竟网上的人自己都不认识。

【项目目标】

能力目标：

学生能够使用网上银行、第三方支付平台进行电子支付活动，能够解决电子商务活动中存在的安全问题。

知识目标：

了解电子商务支付的概念，熟悉网上银行的功能，了解常见的第三方支付平台，了解国内电子商务安全现状及解决方法。

【项目分析】

电子支付是目前电子商务活动中最常用的支付方式，由于互联网的开放性特征，电子商务的交易过程存在着各种各样的安全问题。小丽想要顺利地在淘宝网上开店，就必须要了解电子支付并开通网上银行，还要面临诸多的网上营销的安全风险。下面就一起来帮助小丽认识电子支付与网上银行，解决电子商务中存在的各种安全问题。

任务1　了解电子支付

一、任务导入

小丽担心自己的蔬菜在网上被人买走以后无法收到对方的货款，你认为她的担心有道理吗？到底怎么样才能保证网上交易资金的安全支付呢？

二、任务分析

在线支付借助信息技术使传统的资金处理发生了脱胎换骨的变革。伴随电子商务的观念日益深入人心，消费者不可避免地被在线支付这种新型的支付模式所吸引。要知道如何在网上安全支付就必须要先了解一种新的资金支付模式——电子支付。

三、知识百宝箱

（一）什么是电子支付

2005年10月，中国人民银行公布《电子支付指引（第一号）》，规定："电子支付是指单位、个人直接或授权他人通过电子终端发出支付指令，实现货币支付与资金转移的行为。电子支付的类型按照电子支付指令发起方式分为网上支付、电话支付、移动支付、销售点终端交易、自动柜员机交易和其他电子支付。"简单来说，电子支付是指电子交易的当事人，包括消费者、厂商和金融机构，使用安全电子支付手段，通过网络进行的货币支付或资金流转。电子支付是电子商务系统的重要组成部分。

（二）电子支付的发展阶段

第一阶段是银行利用计算机处理银行之间的业务，办理结算。

第二阶段是银行计算机与其他机构计算机之间资金的结算，如代发工资等业务。

第三阶段是利用网络终端向客户提供各项银行服务，如自助银行。

第四阶段是利用银行销售终端向客户提供自动的扣款服务。

第五阶段是最新阶段，也就是基于互联网的电子支付，它将第四阶段的电子支付系统与互联网进行整合，实现随时随地通过互联网进行直接转账结算，形成电子商务交易支付平台。

（三）电子支付的分类

电子支付的业务类型按电子支付指令发起方式分为网上支付、电话支付、移动支付、销售点终端交易、自动柜员机交易和其他电子支付。

1. 网上支付

网上支付是电子支付的一种形式。广义地讲，网上支付是以互联网为基础，利用银行所支持的某种数字金融工具，发生在购买者和销售者之间的金融交换，而实现从买者到金融机构、商家之间的在线货币支付、现金流转、资金清算、查询统计等过程。

2. 电话支付

电话支付是电子支付的一种线下实现形式，是指消费者使用电话（固定电话、手机）或其他类似电话的终端设备，通过银行系统就能从个人银行账户里直接完成付款的方式。

3. 移动支付

移动支付是使用移动设备通过无线方式完成支付行为的一种新型的支付方式。移动支付所使用的移动终端可以是手机、掌上电脑、便携台式机等。

（四）常见的电子支付工具

电子支付的工具可以分为三大类：

（1）电子货币类，如电子现金（E-cash）、电子钱包等。

电子现金是一种以数据形式流通的货币。

使用电子钱包购物，通常需要在电子钱包服务系统中进行。电子商务活动中的电子钱包的软件通常都是免费提供的，可以直接使用与自己银行账号相连接的电子商务系统服务器上的电子钱包软件，也可以从互联网上直接调出来使用。

（2）电子银行卡类，包括借记卡、信用卡、现金卡等。

借记卡是指先存款后消费（或取现）、没有透支功能的银行卡。中国民生银行借记卡如图4-1所示。

图 4-1 中国民生银行借记卡

信用卡，又叫贷记卡，指银行发行的、并给予持卡人一定信用额度、持卡人可在信用额度内先消费后还款的银行卡。

现金卡内记录有持卡人在卡内持有的现金数。现金卡的持卡人持卡消费后，商户直接从现金卡内扣除消费金额，这样现金卡中的现金数也就相应减少了，如电话储值卡等。某药房储值卡如图 4-2 所示。

图 4-2 储值卡

（五）电子支付协议

（1）SSL（安全套接层协议）。SSL 协议层包括两个协议子层，即 SSL 记录协议与 SSL 握手协议。SSL 记录协议基本特点是连接是专用的和可靠的。SSL 握手协议基本特点是对通信双方身份进行认证，进行协商的双方的秘密是安全的，协商是可靠的。

（2）SET（安全电子交易协议）。SET 协议运行的目标包括保证信息在互联网上安全传输，保证电子商务参与者信息的相互隔离，解决网上认证问题，保证网上交易的实时性，规范协议和消息格式。SET 协议所涉及的对象有消费者、在线商店、收单银行、电子货币发行机构以及 CA。

（六）移动支付

移动支付也称为手机支付，就是允许用户使用其移动终端（通常是手机）对所消费的商品或服务进行账务支付的一种服务方式，主要包括短信支付、扫码支付、指纹支付、声波支付等。除了各大银行的手机银行，国内的支付宝、微信，国外的苹果等，都纷纷推出自己的移动支付系统。手机支付宝钱包登入界面如图 4-3 所示。例如支付宝推出的支付宝钱包，具有以下功能：

（1）手机转账：知道对方手机号即可转账到其支付宝账户或银行卡，还可"摇一摇"进行转账，免手续费。

（2）手机充值：24 小时手机缴费站，可以为自己和亲朋好友进行话费充值服务，更可设置"永不停机"，一劳永逸。

（3）信用卡还款：支持中行、农行、工行、建行、招行等 30 余家银行的信用卡还款，免除排队之苦，更免手续费，还有温馨还款提醒。

图 4-3　支付宝钱包登入界面

（4）交易付款：在客户端上为淘宝网或其他网站购物交易进行付款，安全方便。

（5）水电燃缴费：手机上轻松完成水、电、燃气缴费，支持全国三百多个城市。

（6）账户提现：支持把支付宝账户中的款项实时提取到银行账户中。

（7）手机宝令：基于动态口令的安全认证产品，为用户在 PC 端的支付行为保驾护航。

（8）消费记录：所有交易记录、收支明细查询，清晰明了。

（9）赚集分宝：每天摇一摇手机，即可随机得到 0～10000 个集分宝，玩任务还可赚取更多。

任务 2　认识网上银行

一、任务导入

电子支付是一种便捷的支付方式，小丽被这种支付方式所吸引，迫不及待地想要进行体验。她决定把自己的银行卡开通网上支付功能，这样很多想买的担心就可以在网上进行购买并支付了。

二、任务分析

据统计，2014 年，我国网上银行的用户已经占 43%，可以说基本上每两个银行账户就有一个开通了网上银行，使用网上银行，我们可以足不出户办理很多银行业务，同时，使用网上银行进行支付也成为电子商务活动的一种主要支付方式。下面就让我们跟小丽一起了解网上银行，看看网上银行都能干什么。

三、知识百宝箱

（一）什么是网上银行

网上银行又称网络银行、在线银行，是指银行利用互联网技术，通过互联网向客户提供开户、查询、对帐、行内转账、跨行转账、信贷、网上证券、投资理财等传统服务项目，使客户足不出户就能够安全便捷地管理活期和定期存款、支票、信用卡及个人投资等。可以说，网上银行是在互联网上的虚拟银行柜台。中国建设银行网上银行主页如图 4-4 所示。

图 4-4　中国建设银行网上银行主页

（二）网上银行的功能

一般来说，网上银行的功能主要包括基本业务、网上投资、网上购物、个人理财、企业银行及其他金融服务。中国建设银行的个人网上银行功能页面如图 4-5 所示。

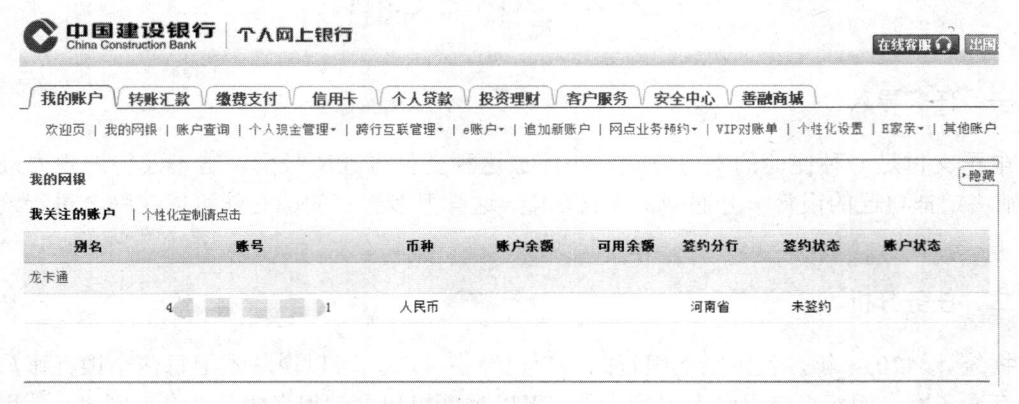

图 4-5 中国建设银行网上银行功能页面

中国建设银行的个人网上银行业务主要服务功能：

1. 我的账户

"我的账户"为用户提供了丰富的账户查询和管理功能，用户可以查询活期、定期、公积金、支票通、履约保函等账户信息，核对 VIP 对账单，对账户进行个性化设置，追加新的网上银行账户，实现网上银行与手机银行、电话银行等的互动，挂失账户等。足不出户，账户维护尽在指掌中。

2. 转账汇款

"转账汇款"使用户能够实现多种账户之间的转账汇款；收款人既可以是建行个人客户，也可以是建行企业客户，还可以是其他商业银行的个人客户，用户还可以进行全球汇出汇款。为了省去您多次输入同一账号的麻烦，还为用户准备了方便易用的收款人名册。

3. 缴费支付

"缴费支付"为用户提供全方位的缴费服务，包括缴纳手机费、电话费、水费、电费等各种日常生活费用，并且可以批量缴纳、预约缴纳，免去奔波之苦。新推出的银行卡网上小额支付功能让用户的银行卡即便不开通网上银行，也能进行网上支付。

4. 信用卡

"信用卡"为用户提供：在线开通信用卡，查询信用额度、取款额度、可用额度、余额、消费积分等服务，还可以给用户的信用卡还款、挂失信用卡等。

5. 个人贷款

"个人贷款"为用户提供贷款基本信息、账户明细、还款计划等基本查询；支持用户在线还款、更新账户及个人基本信息。尤其还为用户提供了贷款试算服务，方便用户精打细算，帮用户用最实惠的办法还款。

6. 投资理财

在这里用户可以随时分析、投资基金、外汇、黄金、债券、保险、期货等，进行全方位的理财。还提供了银证转账、银行存管等辅助服务，让用户能够全天候、随时随地地享受到专家型的理财服务。

7. 客户服务

在这里用户可以设置登录网银的昵称、查询交易记录、修改个人资料、定制个性化网页、给银行发送电子邮件、定制快速链接等，方便又快捷。

8. 安全中心

"安全中心"为用户提供密码维护、动态口令卡登记和管理、账户部分号码屏蔽、短信查询和安全提醒、网银安全定制等服务。

（三）网上银行的认证介质

由于互联网是一个开放的网络，为了保证用户网上银行使用的安全，网上银行系统一般采取了多种认证介质。

1. 密码

密码是每一个网上银行必备的认证介质，一定要使用安全好记的密码，但是密码非常容易被木马盗取或被他人偷窥。

2. 文件数字证书

文件数字证书是存放在电脑中的数字证书，每次交易时都需用到，如果你的电脑没有安装数字证书是无法完成付款的；已安装文件数字证书的用户只需输密码即可。但是文件数字证书不可移动，对经常换电脑使用的用户不方便；而且文件数字证书有可能被盗取，所以不是绝对安全的。

3. 动态口令卡

动态口令卡可以随身携带，轻便，不需驱动，使用方便，但是如果木马长期在你的电脑中，可以渐渐地获取你的口令卡上的很多数字，当获知的数字达到一定数量时，你的资金便不再安全，而且如果在外使用，也容易被人拍照。中国工商银行网上银行动态口令卡如图4-6所示。

4. 动态手机口令

当你尝试进行网上交易时，银行会向你的手机发送短信，如果能正确地输入收到的短信则可以成功付款，反之不能。

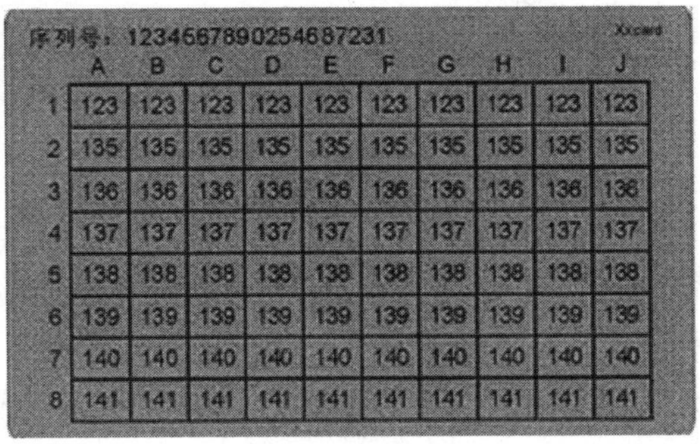

图4-6 中国工商银行动态口令卡

5. 移动口令牌

一定时间换一次号码。付款时只需按移动口令牌上的键，这时就会出现当前的代码。一分钟内在网上银行付款时可以凭这个编码付款。如果无法获得该编码，则无法成功付款。中国银行网上银行的移动口令牌如图4-7所示。

图 4-7　中国银行移动口令牌

6. 移动数字证书

移动数字证书，工行叫 U 盾，农行叫 K 宝，建行叫网银盾，光大银行叫阳光网盾，在支付宝中的叫支付盾。它存放着你个人的数字证书，并不可读取。同样，银行也记录着你的数字证书。中国建设银行的网银盾如图 4-8 所示。

图 4-8　中国建设银行网银盾

任务 3　认识第三方支付

一、任务导入

小丽最近突然发现身边越来越多的同学都开始把自己多余的钱存到支付宝，再转到支付宝的余额宝中，同学们都说，这样每天都能收入一些钱呢。

二、任务分析

小丽对于支付宝的了解还不够多，为什么同学们不把钱存到银行里面呢？支付宝是什么？把钱存到支付宝安全吗？支付宝在国内已经家喻户晓,越来越多的电子商务交易使用支付宝进行支付，可是除了支付宝，我们国内还有很多的第三方支付平台。

三、知识百宝箱

（一）什么是第三方支付

所谓第三方支付就是一些和产品所在国家以及国内外各大银行签约、并具备一定实力和信誉保障的第三方独立机构提供的交易支持平台。

（二）第三方支付运作模式

第三方支付的一般运行模式如下：

（1）消费者在电子商务网站选购商品，最后决定购买，买卖双方在网上达成交易意向。

（2）消费者选择利用第三方支付平台作为交易中介，用借记卡或信用卡将货款划到第三方账户，并设定发货期限。

（3）第三方支付平台通知商家，消费者的货款已到账，要求商家在规定时间内发货。

（4）商家收到消费者已付款的通知后按订单发货，并在网站上进行相应记录，消费者可在网站上查看自己所购买商品的状态；如果商家没有发货，则第三方支付平台会通知顾客交易失败，并询问是将货款划回其账户还是暂存在支付平台。

（5）消费者收到货物并确认满意后通知第三方支付平台。如果消费者对商品不满意，或认为与商家承诺有出入，可通知第三方支付平台拒付货款并将货物退回商家。

（6）消费者满意，第三方支付平台将货款划入商家账户，交易完成；消费者对货物不满，第三方支付平台确认商家收到退货后，将该商品货款划回消费者账户或暂存在第三方账户中等待消费者下一次交易的支付。

（三）第三方支付平台简介

中国国内的第三方支付产品主要有微付通（微付天下）、中汇支付、支付宝、拉卡拉、财付通、微信支付、盛付通、腾付通、通联支付、易宝支付、中汇宝、快钱、国付宝、百付宝、物流宝、网易宝、网银在线、环迅支付、汇付天下、汇聚支付、宝易互通、宝付等。部分第三方支付平台 logo 如图 4-9 所示。

图 4-9　部分第三方支付平台 logo

1. 支付宝

支付宝（中国）网络技术有限公司是国内领先的独立第三方支付平台，是由阿里巴巴集团 CEO 马云在 2004 年 12 月创立的第三方支付平台，是阿里巴巴集团的关联公司。支付宝致力于为中国电子商务提供"简单、安全、快速"的在线支付解决方案。

2. 财付通

财付通是腾讯公司于 2005 年 9 月正式推出的专业在线支付平台，致力于为互联网用户和企业提供安全、便捷、专业的在线支付服务。

3. 网银在线

网银在线自 2003 年成立以来已经成为中国领先的预付费卡发行商和第三方支付公司。2012 年被京东收购。

4. 易宝支付

易宝支付签约的大中型商家超过 30 万家，年交易额超过千亿元。2011 年 5 月，易宝支付获得了央行颁发的首批支付牌照。

（四）第三方支付发展方向

社会的发展和科技的进步对第三方支付产品的发展提出了新的要求，即社交化、移动化和微支付，三者相辅相成、共同发展，其中社交化拓宽了支付场景，移动化实现了随时随地支付消费，而微支付则降低了用户使用门槛。

1. 社交化

在新的时代，人们不再完全相信销售商的广告推荐，而是更相信自己社交圈子里的亲朋好友、专家达人提供的商品推荐和评论。在此背景下，作为电子商务中较为关键的支付产品，也正在顺势向社交化发展。

目前国内各家支付产品在社交化方面做得比较好的是支付宝。近期支付宝先后推出了一系列社交化的支付产品，例如：

微客：社区营销工具；

担保买卖：用于个人在微博上做小买卖；

团体收款：打理朋友间聚会或组织活动开支。

2. 移动化

利用手机等移动设备的易于携带特性及 NFC（近场通信）、二维码等技术手段，人们可以轻松地把移动支付融入到生活中的每一个地方，这点是目前 PC 支付无法做到的。

3. 微支付

微支付是指在互联网上进行金额较小的付款，特别适用于购买小说、音乐、手机游戏等数字娱乐产品，用户往往只需数次点击即可完成付款，比常规的网络支付更加方便便捷。由于支付金额小，大大提高了用户的支付意愿，所以其交易频度很大，颇有薄利多销的意味。

任务 4　了解电子商务安全

一、任务导入

小丽不但担心自己在网上销售蔬菜会遇到骗子，还有其他的担心，例如，自己的淘宝和支付宝账号密码会被他人盗取，毕竟自己的 QQ 密码自己被盗过。

二、任务分析

电子商务的安全主要分为两个方面：一方面是"电子"方面的安全，即计算机网络的安全，它包括计算机网络硬件的安全与计算机网络软件的安全，计算机网络存在着很多安全威胁，也就给电子商务带来了安全威胁；另一方面是"商务"方面的安全，是把传统的商务活动在互联网上开展时，互联网由于存在很多安全隐患给电子商务带来了安全威胁，简称为"商务交易安全威胁"。这两个方面的安全威胁也就给电子商务带来了很多安全问题。其实小丽的担心并不多余，她接下来要做的就是要知道在电子商务活动中，究竟会遇到哪些安全问题。

三、知识百宝箱

（一）电子商务安全需求

电子商务面临威胁的出现导致了对电子商务安全的需求，也是真正实现一个安全电子商务系统所要求做到的各个方面，主要包括机密性、完整性、认证性、不可抵赖性和有效性。

1. 机密性

电子商务是建立在一个较为开放的网络环境上的（尤其互联网是更为开放的网络），因此，要预防非法的信息存取和信息在传输过程中被非法窃取。机密性一般通过密码技术对传输的信息进行加密处理来实现。

2. 完整性

电子商务简化了贸易过程，减少了人为的干预，同时也带来维护贸易各方商业信息的完整、统一的问题。要预防对信息的随意生成、修改和删除，同时要防止数据传送过程中信息的丢失和重复，并保证信息传送次序的统一。完整性一般可通过提取信息消息摘要的方式来获得。

3. 认证性

由于网络电子商务交易系统的特殊性，企业或个人的交易通常都是在虚拟的网络环境中进行的，所以对个人或企业实体进行身份性确认成了电子商务中很重要的一环。这意味着当某人或实体声称具有某个特定的身份时，鉴别服务将提供一种方法来验证其声明的正确性，一般都通过证书机构 CA 和证书来实现。

4. 不可抵赖性

电子商务可能直接关系到贸易双方的商业交易，如何确定要进行交易的贸易方正是进行交易所期望的贸易方，这一问题则是保证电子商务顺利进行的关键。因此，要在交易信息的传输过程中为参与交易的个人、企业或国家提供可靠的标识。不可抵赖性可通过对发送的消息进行数字签名来获取。

5. 有效性

电子商务以电子形式取代了纸张，那么如何保证这种电子形式的贸易信息的有效性则是开展电子商务的前提。因此，要对网络故障、操作错误、应用程序错误、硬件故障、系统软件错误及计算机病毒所产生的潜在威胁加以控制和预防，以保证贸易数据在确定的时刻、确定的地点是有效的。

（二）电子商务面临的安全威胁

电子商务的安全威胁主要存在两个方面：一方面是计算机网络带来的安全威胁，另一方面是商务交易存在的安全威胁。

1. 计算机网络安全威胁

（1）黑客攻击。

黑客攻击是指黑客非法进入网络，非法使用网络资源。随着互联网的发展，黑客攻击也经常发生，防不胜防，黑客利用网上的任何漏洞和缺陷进行修改网页、非法进入主机、窃取信息等相关危害活动。2003 年，仅美国国防部的"五角大楼"就受到了 230 万次对其网络的尝试性攻击。从这里可以看出，目前黑客攻击已成为电子商务中计算机网络的重要安全威胁。

（2）计算机病毒的攻击。

病毒是能够破坏计算机系统正常进行，具有传染性的一段程序。随着互联网的发展，病毒利用互联网，使其传播速度大大加快，它侵入网络，破坏资源，成为了电子商务中计算机网络的又一重要安全威胁。

（3）拒绝服务攻击。

拒绝服务攻击是一种破坏性的攻击，它是一个用户采用某种手段故意占用大量的网络资源，使系统没有剩余资源为其他用户提供服务的攻击。随着互联网的发展，拒绝服务攻击成为了网络安全中的重要威胁。

2. 商务交易安全威胁

（1）开放性。

开放性和资源共享是互联网最大的特点，但它的问题却不容忽视，正是这种开放性给电子商务带来了安全威胁。

（2）缺乏安全机制的传输协议。

TCP/IP 协议是建立在可信的环境之下，缺乏相应的安全机制，这种基于地址的协议本身就会泄露口令，根本没有考虑安全问题；TCP/IP 协议是完全公开的，其远程访问的功能使许多攻击者无须到现场就能够得手，连接的主机基于互相信任的原则等性质使网络更加不安全。

（3）软件系统的漏洞。

随着软件系统规模的不断增大，系统中的安全漏洞或"后门"也不可避免地存在。例如 Cookie 程序、Java 应用程序、IE 浏览器等程序与软件都有可能给开展电子商务带来安全威胁。

（4）信息电子化。

电子化信息的固有弱点就是缺乏可信度，电子信息是否正确完整是很难由信息本身鉴别的，而且在互联网传递电子信息，存在着难以确认信息的发出者以及信息是否被正确无误地传递给接收方的问题。

（三）计算机网络安全威胁与商务交易安全威胁给电子商务带来的安全问题

1. 信息泄露

在电子商务中表现为商业机密的泄露，以上计算机网络安全威胁与互联网的安全隐患可能使得电子商务中的信息泄漏，主要包括两个方面：一方面是交易一方进行交易的内容被第三方窃取；另一方面是交易一方提供给另一方使用的文件被第三方非法使用。

2. 篡改

正是由于以上计算机网络安全威胁与互联网的安全隐患，电子的交易信息在网络上传输的过程中，可能被他人非法地修改、删除或重放（指只能使用一次的信息被多次使用），这样就使信息失去了真实性和完整性。

3. 身份识别

正是由于电子商务交易中交易双方通过网络来完成交易，双方互不见面、互不认识，计算机网络的安全威胁与互联网的安全隐患也可能使得电子商务交易中出现身交易身份伪造的问题，因为身份伪造而造成的网络欺诈案件呈逐年上升趋势。360 安全中心统计了 2014 年上半年我国网络欺诈受害者数量最多的十大城市，如图 4-10 所示。

中国网络欺诈受害者数量最多的十大城市（2014 上半年）

城市	受害者数量（人）
北京	429
广州	416
上海	341
郑州	328
武汉	315
深圳	314
重庆	307
成都	295
济南	278
杭州	259

图 4-10　网络欺诈受害者城市排名（360 安全中心）

4. 信息破坏

计算机网络本身容易遭到一些恶意程序的破坏，如计算机病毒、特洛伊木马程序、逻辑炸弹等，导致电子商务中的信息在传递过程中被破坏。

5. 泄露个人隐私

隐私权是参与电子商务的个人非常关心的一个问题。参与到电子商务中的个人必须提供个人信息，计算机网络安全威胁与互联网的安全隐患有可能导致个人信息泄露，破坏个人隐私。

任务 5　解决电子商务安全问题

一、任务导入

小丽在淘宝上看中了一双高跟鞋，200 余元的价格比起她在实体店看到的便宜许多，随便聊了几句，卖家的一个"可以包邮"就"征服"了小丽，但到了拍下改款的时候，卖家以手机上旺旺不能操作为由，要求小丽通过支付宝转账的方式将包邮后的购物款直接打到其支付宝账户上，并承诺收到钱后，当天就能发货。将信将疑之间，小丽觉得反正钱还是通过支付宝付给卖家的，资金一定安全，于是就将钱直接汇了过去。但在苦等几天没有收到货，联系卖家又无反应之后，小丽才意识到自己受骗了。

二、任务分析

小丽遇到的问题就属于网络诈骗，主要原因是轻信卖家所谓的手机在线无法改价包邮的理由，直接将钱汇款到卖家账户。其实在电子商务交易过程中，用户安全意识的提升也是解决电子商务安全问题的一个部分。除此之外，还有很多的安全问题需要一一解决。

三、知识百宝箱

（一）计算机网络安全问题的解决

黑客攻击、计算机病毒、木马等恶意程序，会导致计算机系统瘫痪，程序和数据遭到破坏或窃取，严重威胁网络安全。对于这类威胁，普通消费者可以采取以下措施：

（1）养成良好的上网习惯，不要访问一些内容不健康的小网站。

（2）安装软件尽量到官方网站进行下载，或者到正规的大的下载站点进行下载。

（3）定期对计算机进行安全检查，使用一些安全类软件，如360安全卫士（图4-11所示）、超级兔子等，进行恶意软件查杀，对电脑进行全方位诊断。

图4-11　360安全卫士

（二）商务交易安全问题的解决

据中国互联网络信息中心调查发现，仅2010年上半年，30.9%的网民账号或密码被盗过；电子商务网站访问者中89.2%的人担心假冒网站，其中，86.9%的人表示如果无法获得该网站进一步的确认信息，将会选择退出交易。网络交易安全问题成为了网络电子商务深层次发展的最大制约因素。

另外，商务交易的安全技术也逐渐成熟，只要我们充分利用这些技术，电子商务的交易安全可以基本得到保证。常见的电子商务交易安全技术有以下几类：

1. 加密技术

将明文数据进行某种变换，使其成为不可理解的形式，这个过程就是加密，这种不可理解的形式称为密文。解密是加密的逆过程，即将密文还原成明文。采用密码技术对信息进行加密，是最常用的安全手段。在电子商务中，获得广泛应用的现代加密技术有以下两种：对称加密体制和非对称加密体制。基本加密技术是电子商务安全体系的基础，也是安全认证手段和安全协议的基础，利用它可以保证电子商务中信息的保密性。

2. 安全认证技术

利用基本加密技术只能保证电子商务中信息的保密性，为了营造安全的电子商务环境，还必须保证电子商务中的信息完整性，通信的不可抵赖、不可否认，交易各方身份的认证，以及信息的有效性，这就得利用以基本加密技术为基础开发的安全认证手段：

（1）利用数字信封技术保证电子商务中信息的保密性。

（2）利用数字摘要技术来保证电子商务中信息的完整性。

（3）建立 CA 认证体系给电子商务交易各方发放数字证书，保证电子商务中交易各方身份的认证。

（4）利用数字时间戳来保证电子商务中信息的有效性。

（5）利用数字签名技术来保证电子商务中的通信的不可抵赖、不可否认，信息的有效性。

3. 安全交易协议

要保证电子商务环境的安全，必须把安全认证手段和安全协议配合起来建立电子商务安全解决方案。目前电子商务中有两种安全认证协议被广泛使用，即 SSL 协议和 SET 协议。

除此之外，政府及行业机构在推动电子商务安全问题的解决上也起着举足轻重的作用。例如，早在 2008 年 7 月，由国内银行证券机构、电子商务网站、域名注册管理机构、域名注册服务机构、专家学者组成的"中国反钓鱼网站联盟"在北京正式宣布成立。联盟已初步建立快速解决机制，借助停止钓鱼网站 CN 域名解析等手段，及时终止其危害，构建可信网络。该联盟接到投诉后，在判定为"钓鱼网站"的两小时内暂停其域名解析，终止欺诈行为。国家工商行政管理总局 2010 年在《网络商品交易及有关服务行为管理暂行办法》中对网店实名制做出了具体要求，一定程度上遏制了网络交易欺诈行为的发展。

【项目总结】

本项目通过介绍电子支付、网上银行以及第三方支付平台，让读者熟悉电子商务交易过程中资金的流通过程。通过了解电子商务的安全威胁，要求解决电子商务交易中存在的安全问题，保证电子商务活动的顺利开展。

【职业技能训练】

一、单项选择题（下面各题的答案中只有一个正确选项，请把正确选项的序号填写在括号内）

1. 以数据形式流通的货币是（ ）。
   A．电子现金　　B．支票　　　C．电子支票　　D．现金
2. 下列选项不属于网上银行的功能的是（ ）。
   A．查询余额　　B．取现　　　C．转账　　　　D．缴费支付
3. 数字签名是解决（ ）问题的方法。
   A．未经授权擅自访问网络　　　B．数据被泄漏或篡改
   C．冒名发送数据或发送数据后抵赖　D．以上三种
4. 电子商务系统必须保证具有十分可靠的安全保密技术，必须保证网络安全的四大要素，

即信息传输的保密性、数据交换的完整性、发送信息的不可否认性和（　　）。

  A．交易者身份的确定性　　　　　B．信息的稳定性
  C．数据的可靠性　　　　　　　　D．不可修改性

二、判断题（正确的打"√"，错误的打"×"）

1．电子支付是跨时空的电子化支付，能够真正实现全球 7 天 24 小时的服务保证。
（　　）

2．如果某个用户的计算机存储器损坏了，电子现金也就丢失了，钱就无法恢复。
（　　）

3．新型电子支付手段主要包括电子现金、电子支票、信用卡、借记卡、智能卡等。
（　　）

4．网上银行一般可以称为移动银行。网上银行就是借助计算机、互联网及其他电子通信设备提供各种金融服务的银行机构。（　　）

5．CA 认证中心颁发的数字证书主要用于保证电子商务交易过程中信息的完整性。
（　　）

项目五　网络营销

【项目情景设计】

羊年春晚最有意思的一件事是大家忙着在微信朋友圈里抢红包，小丽也不例外，忙得不亦乐乎，但是，事后小丽想了很多，网络的力量无穷无尽，如何利用好网络，小丽陷入了深思，她下定决心做网络营销，但犯愁的是如何让客户来了解自己要做的网店，了解自己的产品？如何让自己的产品脱颖而出？小丽发现很多人通过微博、微信、QQ群等营销方式成功达成了许多交易，于是她也想试一试。

【项目目标】

能力目标：
（1）明白网络营销与传统营销的区别。
（2）整合营销工具的使用。

知识目标：
（1）掌握网络营销是什么。
（2）掌握网络营销方案的制定。
（3）了解网络营销与传统营销的区别。
（4）掌握电子商务和传统商务活动有哪些异同。
（5）掌握多种网络工具的使用。

【项目分析】

加入互联网成为企业在激烈的市场竞争中取得优势的法宝。网络技术和电子商务的发展，对传统企业的管理模式、经营方式和营销策略等方面都提出了有力的挑战。虽然在网络中有许多不确定的因素，但必须肯定的是网络营销将是未来网络经济中最具潜力、更有广泛适用性的发展方向。小丽会采用哪种营销工具来增加产品的销量？如何来使用这些营销工具？需要完成下面两个任务。

任务1　认识网络营销

一、任务导入

小丽通过前面学习，了解了一部分电子商务知识，由于她还是从事传统销售，对网络营销了解不多，如何利用网络营销来增加产品销量呢？

二、任务分析

小丽要想利用网络营销推广自己的产品，必须要弄明白网络营销和传统营销的区别、网络营销的定义、网络营销的核心标准，只有把这些都弄明白了，才能进行网络营销的方案设计。

三、知识百宝箱

（一）认识网络营销

1. 网络营销概念

网络营销是伴随着信息技术的发展而发展的。目前信息技术的发展促使互联网替代了传统营销的报刊、邮件、电话、电视等中介媒体，成为一个新的市场营销媒介，即网络市场营销媒介。网络营销以其新的方式、方法和理念，在激烈的市场竞争中实施营销活动，促使企业和个人交易活动的实现。那么究竟什么是网络营销呢？应该如何给网络营销下一个准确的定义呢？与许多新兴学科一样，网络营销并没有一个统一的、完善的定义。根据研究人员对网络营销的研究角度不同，对网络营销的理解和认识也存在较大的差异。从"营销"的角度出发，目前广为流行的定义为：网络营销是企业整体营销战略的一部分，是建立在互联网基础之上、借助于互联网特性来实现一定营销目标的一种营销手段。

根据以上定义，可以从以下几个方面来理解网络营销：

（1）网络营销不是网上销售。

网上销售是网络营销发展到一定阶段的产物；网络营销是为实现产品销售目的而进行的一项基本活动，但网络营销不等于网上销售本身。这可以从两个方面来说明：

1）网络营销活动不一定能实现网上直接销售的目的，但是有利于增加总的销售。同时，网络营销作为一种收集和发布信息的工具，其效果可以表现在多个方面，如提升企业品牌价值、加强与客户之间的沟通、拓展对外发布信息的渠道、改善顾客服务等。

2）网上销售的推广也不仅仅依靠网络营销，往往还要采用许多传统的方式，如传统媒体广告、发布新闻、印刷宣传册等。

（2）网络营销不仅限于网上。

这样说也许有些费解，不在网上怎么能叫网络营销？这是因为互联网本身还是一个新生事物。在我国，上网人数占总人口的比例较大，对于即使已经上网的人，由于种种因素的限制，不一定能顺利找到所需要的信息，何况对于许多初级用户，他们可能根本不知道如何去查询信息。因此，一个完整的网络营销方案，除了在网上推广之外，还很有必要利用传统营销方法进行"网下"推广。这可以理解为关于"网络营销"本身的营销，正如关于"广告"的"广告"一样。

（3）网络营销不是孤立的。

网络营销是企业整体营销战略的一个组成部分，网络营销活动不能脱离传统营销环境而独立存在。在通常情况下，网络营销理论是传统营销理论在互联网环境下的应用和发展。由此也确立了网络营销在企业营销战略中的地位，即网络营销无论处于主导地位还是辅助地位，它都是互联网时代市场营销中必不可少的一部分。

（4）网络营销是手段不是目的。

网络营销具有明确的目的和手段，但网络营销本身不是目的。网络营销是为了营造网上经营环境，综合利用各种网络营销方法、工具、条件，并协调其间的相互关系，从而更加有效地 实现企业营销目的的手段。与传统营销一样，网络营销的目的也是为了实现企业的营销目标和消费者的需求。

（5）网络营销是营销手段的创新。

作为一种新的营销手段，网络营销的内容非常丰富。网络营销要针对新兴的网上虚拟市场，及时了解和把握这个虚拟市场的消费者特征和消费者行为模式的变化，为企业在网上虚拟市场进行营销活动提供可靠的数据分析和营销依据，促使通过在网上开展营销活动来实现企业目标。网络具有传统渠道和媒体所不具备的独特的特点：信息交流自由、开放和平等；而且信息交流费用非常低廉；信息交流渠道既直接又高效。因此在网上开展营销活动，必须改变一些营销手段和方式。

（二）网络营销的特点

互联网所创造的营销环境使得营销活动的范围和方式变得更灵活，所以网络营销呈现出以下一些特点：

1. 跨时空

网络营销没有时间、空间、地域、主次的限制。对企业业说，通过网络可随时传递企业的形象、经营和产品等信息，直接面对全球大市场开展营销活动，可每周 7 天，每天 24 小时随时随地地提供全球性营销服务。对客户来说，通过网络可以实时快捷地查询、浏览所需的各种产品及服务信息，并将自己的响应及时发送给企业。

2. 多媒体

互联网可以传输多种媒体信息，如文字、声音、图像等，这使得为达成交易进行的信息交换可以有多种形式，因此可以充分发挥营销人员的创造性和能动性。

3. 个性化

由于互联网提供了收集信息、延长记忆的功能，它可以记录个别顾客的需要，并据此评估个别顾客未来的购买潜力。所以只要企业能将从网上收集到的信息及时地进行分析，并作出反馈，那么网络营销便可提供一对一的个性化服务。事实上，目前网上的很多企业已可以针对个别消费者的需求来设计网上所提供的信息。例如，当消费者进入一个虚拟购物中心时，先输入性别、年龄、个人喜好，就会针对个人的资料生动地呈现出消费者所需要的信息。

4. 成长性

互联网使用者成长速度快且遍及全球，使用者多属年轻、中产阶级、高学历人员，由于这部分群体购买力强而且具有很强的市场影响力，所以网络营销成为一条极具开发潜力的市场渠道。

5. 互动性

互联网在本质上和电视、报纸一样，都是一种媒体。不同的是，互联网还可以提供商品信息、展示和交易的三合一服务，所以又是商品流通的渠道。这种特殊的媒体与流通渠道，能起到互动营销的作用，能让消费者化被动为主动，自己通过网络媒体来查询信息。网络营销的互动性增进了企业与顾客的沟通，拉近了企业与顾客间的距离，让消费者从服务接受者变为服务监督者，从而增强了消费者的信心，间接地为企业创造了利益。

6. 超前性

互联网是一种功能强大的营销工具，同时兼具渠道、促销、电子交易、互动顾客服务以及分析与提供市场信息等多种功能。它所具备的一对一营销能力，正符合了定制营销与直复营销的未来趋势。

7. 整合性

互联网上的营销可由收集商品信息至收款、售后服务一气呵成，因此也是一种全程的营销渠道。另外，企业可以借助互联网将不同的传播营销活动进行统一地设计规划和协调实施，以统一的传播资讯向消费者传达信息，避免不同传播中的不一致性产生的消极影响。

8. 高效性

互联网可传送的信息数量与精确度远超过其他媒体，并能应市场需求，及时更新产品。

9. 经济性

通过互联网进行信息交换，代替以前的实物交换。一方面可以减少印刷与邮递成本，无店面销售，免交租金，节约水电与人工成本；另一方面也可以减少由于迂回多次交换带来的损耗。

10. 技术性

网络营销是建立在高技术支撑的互联网的基础上的，企业实施网络营销必须有一定的技术投入和技术支持，改变传统的组织形态，提升信息管理部门的功能，引进懂营销与计算机技术的复合型人才，未来才能具备市场的竞争优势。

（三）网络营销与传统营销区别

1. 网络营销与传统营销相同点

（1）两者都是企业的一种经营活动。网络营销与传统营销都是企业的一种经营活动，而且两者贯穿于企业经营的整个过程，包括信息发布、网站推广、客户服务等职能，以及市场调查、寻找客户、网络管理等工作内容。

（2）两者都需要通过组合发挥功能。网络营销与传统营销都不是依靠单一手段去实现目标的，而是通过策划，系统地开展各项营销活动。在信息社会，由于现代的营销环境发生了深刻的变化，现代企业的市场营销目标已不仅仅是某个单一的目标，更重要的是要追求某种价值的实现，这就必须调动各种资源，制定多种策略，组合运用，最终才能够达到预期的目标。

（3）两者都把满足消费者需求作为一切活动的出发点。营销的本质是排除或减少障碍，引导商品或服务从生产者转移到消费者的过程，所以两者都是把满足消费者需求作为一切活动的出发点。

（4）两者对消费者需求的满足，不都是停留在现实需要上，还包括潜在需求。在消费者还没有意识到某种需求存在或者还不了解某种需求是可以得到满足的时候，企业有责任通过唤醒、引导、激发、创新等营销手段，将潜在的需求转化为现实需求。但有一点必须坚定不移，那就是出发点都是为了提高消费者的生活质量，使消费者通过购买商品和劳务获得更大的满足，决不允许有任何损害消费者利益的现象发生。

2. 网络营销与传统营销不同点

（1）消费群体不同。首先，网络营销的顾客大多数是年轻人，有能力借助信息网络搜集与购买决策有关的信息，而老年人等群体对互联网的使用率还比较低；其次，两者的顾客需求有很大的差异性，由于互联网全球化的特征，网络营销打破了地域的界限，使顾客因市场的广域性、文化的差异性、价格的变动性等特征而呈现出更大的差异；最后，公司的规模和品牌的知名度不再是网络顾客选择商品的主要理由。

（2）市场形态不同。传统的市场都是实物市场，我们可以看见陈列的商品，所以必然会有资金的占用和货物的积压。而在网络环境下，市场形态发生很大的变化，最典型的就是虚拟市场的形成，如淘宝、1号店、凡客等，我们可以把它们看成虚拟的商城。虚拟市场只需要提供商品的信息就可供消费者挑选和购买，它几乎不需要货物的积压，也不需要大量的资金占用。

（3）竞争状态不同。传统营销是厂商在现实空间中进行面对面的竞争，游戏规则就像是"大鱼吃小鱼"，而网络营销则是通过网络虚拟空间进入企业、家庭等现实空间，游戏规则像是"快鱼吃慢鱼"，从实物到虚拟市场的转变，使得具有雄厚资金实力的大规模企业不再是唯一的优胜者，也不再是唯一的威胁者。在网络营销条件下，所有的企业都站在同一条起跑线上，这就使小公司实现全球营销成为可能。

任务 2　网络营销形式的分析及应用

一、任务导入

小丽通过前面学习，了解了网络营销的一些知识，但是如何利用网络营销的方法始终困扰着她，网络营销的发展前景到底有多大？小丽抱着试试的态度，想利用自己的微博和 QQ 群来推广一下自己家的产品，你能帮助她吗？

二、任务分析

网络营销的方法有很多种，如何利用好这些方法特别重要。一旦产品选定了，营销方法尤为重要，选定精准客户是网络营销的重中之重。

三、知识百宝箱

（一）网络营销的发展前景

巨大的消费群体与企业习惯的变化：在欧美国家，90%以上的企业都建立自己的网站，通过网络寻找自己的客户、需找需要的产品，这已经成为了习惯。如果企业想购买什么产品或原材料，会在网上寻找供应商，了解产品价格，进行对比分析，最后确定购买。目前国内网购的购买力逐年增加，网购已成为一种消费习惯，给企业的商务习惯带来了变化，给网络营销提供了广阔的空间。网络营销的跨时空性无疑是一颗"重型炮弹"，将对整个营销产生巨大的冲击。

（二）网络营销的常用方法

1. 搜索引擎营销

搜索引擎营销（Search Engine Marketing），SEM 是一种新的网络营销形式。SEM 所做的就是全面有效地利用搜索引擎来进行网络营销和推广。SEM 追求最高的性价比，以最小的投入，获得最大的来自搜索引擎的访问量，并产生商业价值。

2. 病毒式营销

病毒式营销是指通过用户的口碑宣传网络，信息像病毒一样传播和扩散，利用快速复制的方式传向数以千计、数以百万计的受众。也就是说，通过提供有价值的产品或服务，"让大家告诉大家"，通过别人为你宣传，实现"营销杠杆"的作用。病毒式营销已经成为网络营销最为独特的手段，被越来越多的商家和网站成功利用。

3. 网络广告

简单地说，网络广告就是在网络平台上投放的广告。网络广告利用网站上的广告横幅、文本链接、多媒体的方法，在互联网刊登或发布广告，通过网络传递到互联网用户的一种高科技广告运作方式。与传统的四大传播媒体（报纸、杂志、电视、广播）广告及备受垂青的户外广告相比，网络广告具有得天独厚的优势，是实施现代营销媒体战略的重要一部分。互联网是一个全新的广告媒体，速度最快，效果理想，是中小企业扩展壮大的很好途径，对于广泛开展国际业务的公司更是如此。

4. 信息发布

信息发布既是网络的基本职能，又是一种实用的操作手段，通过互联网，不仅可以浏览到大量商业信息，同时还可以自己发布信息。最重要的是将有价值的信息及时发布在自己的网站上，以充分发挥网站的功能，如新产品信息、优惠促销信息等。

5. E-mail 营销

EDM（Email Direct Marketing）也即 E-mail 营销、电子邮件营销。企业可以通过 EDM 建立同目标顾客的沟通渠道，向其直接传达相关信息，用来促进销售。EDM 有多种用途，可以发送电子广告、产品信息、销售信息、市场调查、市场推广活动信息等。

6. 个性化营销

所谓个性化营销（Personalization Marketing），最简单的理解就是量体裁衣，即企业面向消费者，直接服务于顾客，并按照顾客的特殊要求制作个性化产品的新型营销方式。个性化服务在改善顾客关系、培养顾客忠诚以及增加网上销售方面有显著的效果，据研究，为了获得某些个性化服务，在个人信息可以得到保护的情况下，用户才愿意提供有限的个人信息，这正是开展个性化营销的前提保证。

7. 网上商店营销

建立在第三方提供的电子商务平台上，由商家自行经营网上商店。网上商店有两个方面优点：一方面，网上商店为企业扩展网上销售渠道提供了便利条件；另一方面，建立在知名电子商务平台上的网上商店增加了顾客的信任度，从功能上来说，对不具备电子商务功能的企业网站也是一种有效的补充，对提升企业形象并直接增加销售具有良好效果，尤其是将企业网站与网店相结合，效果更为明显。

四、任务实施

（一）QQ 推广和应用

1. QQ 推广

（1）QQ 推广的特点。

QQ 自入市以来，备受人们关注和喜爱，目前已经成为人们生活中必不可少的通信工具，随之 QQ 推广也被越来越多网络营销人员利用，QQ 推广已经成为网络营销中非常重要的一种方法。QQ 已经成为 IM（即时通信）推广的重要平台。

1）高实用性。

目前 QQ 已成为网民们必备的聊天工具之一，QQ 同时在线人数已经高达 1 亿，从营销上来说，用户覆盖率比较大，从而使得有效转化率也提高了不少，QQ 特别适用于网络营销。

2）精确定位。

QQ 群的大力推广会带来不少效益，通过 QQ 群能够准确锁定对象，大大缩小了营销范围，能够精确找准营销目标。通过 QQ 群可以相互了解，进行有针对性的营销，也可以一对一服务，根据不同的人采用不同的营销方法。

如果要去寻找 QQ 群，只能去查找一些关键词进行搜索。如果网站主题明确，那么就可以很好地利用这个方式来查找合适的群进行推广了。例如你是做餐饮的，那么，根据你的服务和产品的定位，去寻找适合自己的 QQ 群进行加群推广。

3）易于操作。

对于 QQ 推广，只要能够了解产品，会打字，懂得通过聊天的方式插入广告信息，那么不久的将来便能成为一个 QQ 推广高手。

4）低成本操作。

相对于其他网络营销方法，QQ 推广所需成本相对比较低，QQ 群的建立以及 QQ 群推广方式基本上不需要花多少钱，需要的只是人力成本和时间成本，当然这其中也是需要掌握技巧的。

5）持续性。

由于 QQ 推广第一步是先与用户建立好友关系，所以可以对用户进行长期、持续性的推广，这个优势是其他营销推广方式所不具备的。例如网络广告，我们根本不可能知道是谁看了广告，是男是女，叫什么名字，以及看完后有何感受。而在 QQ 上，我们明确地知道用户是谁，可以第一时间获得反馈。

6）高效率。

由于 QQ 推广的精准性与持续性，它最终的转化率要高于一般网络推广方法，为我们节省了大量的时间与精力，提高了工作的效率。

（2）QQ 推广的类型。

虽然 QQ 推广的实用性高，但是针对不同的企业和产品，效果肯定会不一样。到底 QQ 适合什么样的推广呢？

1）针对特定人群推广。

对于受众人群集中且喜欢在 QQ 群中交流的人群，使用 QQ 推广是一个非常不错的选择。例如，地方性网站、行业性网站，这类网站的目标用户特别喜欢在 QQ 群中讨论和交流。再如减肥、时尚、IT、汽车等产品，也非常适合于 QQ 推广，因为这类产品的用户也非常热衷于 QQ 群。

2）针对固定人群推广。

有些产品头疼的不是推广，而是如何增加用户的回访率、转化率。例如一些黏性较低的网站，用户可能几个月才登录一次，而时间一长，就会把该网站淡忘。在这种情况下，就可以通过群提高黏性。先建立网站官方 QQ 群，然后将用户都引导进群里面。这样即使用户一年不登录网站也没关系，因为通过 QQ 群已经将他们牢牢地抓在了手里。只要他们看到群，就会加深对网站的印象。当网站有活动或新信息时，可以通过群来引导用户参与。

3）低流量指标推广。

对于网站推广，流量是考核推广人员的重要指标之一。但是需要注意，如果网站流量指标很高，那么并不适用于 QQ 推广。因为 QQ 推广很难带来大量的流量，它更适合于一些低流量指标的推广。例如企业网站对于流量的要求非常低，随便在几个群中推广，就能达到指标要求。

4）推广有针对性项目。

对于一些简单、明确、针对性强的产品和项目，非常适用于 QQ 推广，如一篇文章、一个专题、网络投票、线下活动聚会等。

5）对现有用户进行维护。

如何维护好现有用户？如何提高用户的满意度？这些都是营销人员头疼的问题，而通过

QQ维护用户效果非常好。例如，建立官方QQ群，通过群来指导用户使用产品，通过群来与用户加强联络、增进感情等。

6）对潜在用户的深入挖掘。

做营销与销售的都知道，衡量一名销售人员是否优秀，不是看开发了多少新用户，而是让多少新用户变成了老用户，让多少老用户重复消费。而对于网络营销，挖掘老用户最好的工具之一就是QQ。

（3）QQ空间推广。

在很多人的概念中，QQ空间都是年轻人的玩具，闲暇之余装扮一下QQ空间，现在用腾讯来写博客、推广自己的人越来越多了，如奥运冠军，大多数都在腾讯开博客，当然这同时也是腾讯对自己的一种营销方式，腾讯的博客是以QQ空间的日志形式的。推广QQ空间的需求是非常旺盛的，从目前的QQ互踩这个现象可以看出来，在QQ群中搜索一下"互踩"，大量的互踩群也说明这一切。当然，网友之间这种相互踩也只是推广QQ空间的一种方法。QQ空间推广的方式有很多种，现列举一些比较常用的方法。

1）QQ互踩。

如上所述，这种QQ空间互踩纯粹是QQ空间主人为了踩空间而相互进行的一个空间浏览，这样做的目的主要是在QQ空间统计数字上增加一个值而已，如QQ空间互踩群、QQ空间互踩工具、QQ空间互踩网等。

2）通过搜索引擎优化。

这种QQ空间推广方法非常有效，但2015年以前，腾讯的QQ空间纯粹是Javascript脚本形式调用，所以搜索引擎很难抓取到QQ空间的内容，也就是说不可能像新浪博客那样，你发表一篇博客，过一段时间可能在百度里面能够搜索出来，搜索引擎无法索引到QQ空间的内容，只有腾讯自己的搜索引擎soso.com能够搜索。但真正使用soso.com的人应该不太多，于是就出现了很多网站，可以将QQ空间内容（如日志、相册）列出，以便搜索引擎能够索引，对不少的QQ空间进行推广的时候，注意的一点就是，QQ空间名称和QQ网名尽量不要使用火星文字和一些稀奇古怪的字符，这样搜索引擎很难搜索出来，例如，给QQ空间起名叫"新疆美女模特"，用户在搜索"新疆美女模特QQ"的时候，很容易就能找到她的QQ空间。

3）通过QQ空间本身进行推广。

多去访问别人的QQ空间，尽量在自己的留言中留下一些能引起别人注意的内容，引导其他用户回访到自己的QQ空间里面，经过试验，这种QQ空间推广方法的回访率比较高。

例如，用QQ空间来进行网站推广，如何操作呢？

①要做好主页。

主页是用户进入后首先看到的，如果想给人留下一个好印象，那么主页就要做好。在做主页时要注意三点：a.不要太过绚丽，简单也是美，太绚丽的主页往往给人一种不可靠的感觉，一些非主流之类的东西最好不要放到空间中去；b.不要太闪，有很多用户喜欢把自己的主页放各种各样的闪图，这样不仅会让人觉得很刺眼，而且还会降低网页打开的速度，影响网站推广的目的；c.主页排版要整洁，如空间里常用的模块要显示出来，最新日志、心情说说、个人资料、头像等都要一一显示出来并且排版好，整洁干净的主页是比较受用户青睐的。

②空间设置要注意的地方。

空间设置要注意三点：a.空间名称要注意，不可小看空间名称，它就像自己的网站推广名称一样,所以空间名称要设置得专业一点,能够给人信任的感觉;b.描述要注意,这个可以说是网站的描述部分,一般而言,很多人都忽略了这个地方,致使它一片空白,其实它可以在整个空间显示,这样用户在看到描述后会加深对网站的印象;c.个性签名要注意,设置好的个性签名主要为了让你去访问别人空间留言的时候,可以留下自己的网站推广地址或者空间地址。

③要撰写日志。

很多空间用户都喜欢到处去看别人的日志,一般的伤感日志、爱情日志、搞笑日志特别受用户的喜欢,而且转载率很高。注意日志的撰写方式:a.标题要写好,标题写好会吸引更多的用户;b.内容跟标题要一致,如果标题和内容不一致,你会发现浏览的人数无几,更别谈转载了;c.留下版权,对于空间,许多人都会下意识地直接转载,不会去掉版权,这就是利用QQ空间推广的好处。

④要利用好空间相册。

空间相册应该怎么吸引流量呢?在你加了一个好友的时候,对方为了解你可能会第一时间到空间相册里看看你的生活照,如果要推广网站就要满足对方的需求,一般美女的空间访问量是相当高的,所以可以在相册里放入一些美女的图片,需要注意的是,不要放明星的,用户一看不真实,印象会大打折扣,那怎么进行网站推广呢?相册里面的照片要打上水印。如果你要推广网站,那么就应该在每张照片的左上角打水印,不要说右下角比较自然,但是很少人会注意那里,相对而言,左上角比较刺眼,字体要大,要让人看得清楚。这样的推广效果是很好的。

QQ空间只要做好,推广起来比较容易。相对来说,QQ空间的用户的网络意识不是那么高,一般都是自己使用得比较多,所以,要根据其喜好来推广网站,做到一击就中,再击再中的境界。至于这种境界,要靠自己来摸索,多借鉴访问量大的空间的经验。

2. QQ设置技巧

要想取得好的营销效果,对QQ的设置是必不可少的,那么应该怎么来设置QQ?我们都知道,个人形象对一些活动来说是非常重要的,有可能直接就决定了你的成败,试想,如果你穿着背心拖鞋去某公司应聘,你的成功概率是多大?相反,如果给人的第一印象是大方和有亲和力,那么成功的概率就高多了。

(1)QQ头像一定要正规。

QQ头像一定要正规,要给人一种信任的感觉,如果从事某商业活动,要用自己的头像做QQ头像,用自己的实名做网名,这样做的目的就是在别人的第一印象上建立一种信任,而且还可以打造个人品牌和知名度,对以后的其他推广也是相当有益的。

切忌使用那些幼稚、低俗的头像,那样会大大降低别人对我们的正面印象及好感度。

(2)昵称要真实。

同QQ头像的原理一样,昵称要正规、稳重、有特色,要朗朗上口、便于记忆,且要突出信任感和亲和力。昵称要用实名,原因主要有以下几点:

第一,实名本身象征着诚信。

第二,实名容易记忆。目前人人都是网名的时代,用真名会显得非常突出,让人印象深刻。

第三,实名可以积累个人品牌与知名度。很多人的昵称是固定不变的,通常都会随着年龄的增长、思想的变化而改变。而每换一个名字,就意味着从头开始。如果要是一开始就用实名,也不会带来那么麻烦的工作。

第四，不是所有人都适合用实名。例如，有些人的名字太普通或者是重名太多。在这种情况下可以起一个貌似真名而很有特色的名字来一直使用。

第五，切记不要改名。因为在网络中大家只认识名字，一旦名称改变，可能连朋友亲人都不认识了。

（3）资料要丰富。

QQ资料设置得越丰富、越详细，给人的感觉就越真实，如年龄、地区、职业、个人说明等。资料越多越好，但是切记，信息要真实，不能乱写，否则一旦让人发现是假的，将直接产生负面影响。尤其是年龄，本身是40岁，资料却写28岁，这都是不可取的做法。

资料的语言要规范，不要用火星文等非主流的元素，这会降低别人对你的评价。

（4）排名要靠前。

一个普通的QQ号码，最多可以加500位好友，但是登录QQ时，能够第一眼看到的好友最多只有十几个，也就是说剩下的400多人是关注不到的。如果相互之间不联系，天长日久就会逐渐淡忘。而那几个一登录就能看到的，即使不联系也会印象深刻，甚至随着时间的推移，记忆深刻，挥之不去。

也就是说，如果能排在别人好友列表的前面，那么即使一年不联系，也能达到推广的目的，甚至效果会更好。这就叫无声胜有声。那如何提高QQ排名呢？

第一，开通会员。会员的排名要高于普通号码，名字还会加红，看起来更醒目，而且QQ会员最高可以添加1000位好友。

第二，将QQ状态设置为"Q我吧"。QQ状态有"我在线上、Q我吧、离开、忙碌、请勿打扰、隐身、离线"7种，其中"Q我吧"的优先级最高。如果普通号码将状态设置为"Q我吧"，排名比会员还要高。不过这种方式唯一的缺点就是收到QQ消息时，会直接弹出消息窗口。

第三，在名字前加特殊字符。QQ排名规则是按照昵称首字母进行排序，即A、B、C、D等。例如张三这个名字，首字母为Z，那他的名字就会排在非常靠后的位置。除了字母外，特殊字符的优先级要高于普通字母，如在名字前加个空格，会排在所有名字前面。

3. QQ沟通技巧

QQ设置属于硬性技巧，再说说软性技巧。软性技巧就是沟通。留下好的印象只是第一步，而QQ推广的本质还是在于与用户的互动和交流。具体的话术技巧与传统营销没有太大差异，相关的资料和书籍也很多，可以到书店或互联网上查找。这里重点介绍8条网络所特有的技巧和注意事项。

（1）语气助词要慎用。

QQ聊天时，大家经常会带一些语气助词，如哈哈、嘿嘿、呵呵、切、晕、倒、啊等。但是你有没有想过，QQ另一端的人看了这些词汇后，会有什么感觉？这些词会不会给对方带来不愉快的心理体验或暗示？调查发现，当你对QQ好友不停地说"呵呵"时，对方会不高兴。

如果以往你在网络上的成交率很低，很可能就是因为聊天时用错了词汇，让对方感到不愉快。

有一位网友总结得非常精辟说："'嘿嘿'太玩笑，'哈哈'太随意，'嘻嘻'太幼稚，'呵呵'太敷衍，'啊'感觉跟神经病一样，'哈'感觉只有女孩才这么干，一个大男人要这样估计离人妖不远了！"

（2）图片表情要慎发。

表情是大家在聊天中最喜欢用的元素之一，一个恰当的表情能够起到调节关系、缓和气氛的作用。大家在用表情时尽量不要用那些可能会引起别人抵触情绪、让人反感或降低自己形象的图片，如一些过于色情和暴力或非常低俗的图片。

（3）称呼称谓莫乱用。

中国人非常讲究称谓，所以使用称谓要谨慎，不能乱称呼别人，或是称呼中带有贬低的意思。例如，在称呼别人时，不要用"小"字，如小王、小张、小李、小丽等，因为"小"字通常是长辈称呼晚辈，或是上级称呼下级时才使用的，除非对方的名字自带小字，或是主动让你管他/她叫小×。一般对于不熟识的人，称呼×兄、×大哥、×总等是比较恰当，且不容易出问题。

（4）聊天速度要适当。

在网络上交流，主要通过打字进行，这就涉及聊天速度的问题。在这个问题上，应该本着"就慢不就快"的原则。例如，对方一分钟打 20 字，而我们一分钟能打 120 字，这时就要牵就一下对方，按着对方的节奏交流。否则对方就会跟不上我们的思路，使沟通产生障碍。而且从心理体验的角度说，对方有话说不出来，只能看着我们滔滔不绝地打字，感觉会非常痛苦。

除了聊天速度外，还要注意回复速度。回复对方的速度要适中，不能过快，也不能过慢。例如，对方很严肃地问了一个他认为很重要的问题，那即使我们知道答案，也不要马上回复。否则对方就有可能会感觉我们对这个问题不够重视，敷衍了事。

（5）字号字体莫乱改。

QQ 聊天时，默认的文字是 10 号黑色宋体字。但是有人不喜欢默认字体，于是就乱改一通，如改成大红大绿、火星文等。但是你在愉悦了自己的同时，想过别人的感受吗？例如，很多人喜欢绿色、黄色，但是这些颜色的字在显示器中会非常刺眼，甚至会伤害到眼睛。再如，火星文等个性字体，阅读起来比较吃力，而且还会显得很幼稚。所以轻易不要修改默认字体，默认字体虽然普通，但是却最友好。

（6）沟通时机要找准。

通过 QQ 沟通或推广时，时机的选择很重要，千万不要看到在线就留言。例如，半夜 12 点，这个时间段只要不是很重要的事，就不要打扰别人。这个时间段还在线，一定有事。即使对方很闲，但是此时人的精力、判断力处于一天当中的低谷，而且这个时间段是人情绪最低落、最容易与人发生矛盾的时候。

（7）注意礼貌要客气。

QQ 交流只能看到文字，无法看到表情。所以不管你在交流时的内心感受如何，对方都看不到，只能通过文字去感受。所以聊天时要注意语言规范，不能说一些不友好的话，或是让别人误会我们在轻视、侮辱对方，这样才能保持沟通的顺畅。沟通时多用"你好""您""请""谢谢"这样的词汇，它们会产生非常好的效果。

（8）弹窗震动莫乱发。

交流过程中，不要随便发弹窗（即发送视频邀请）或是震动，这都是非常不礼貌的行为。即使对方没有及时回复消息，也要先耐心等待，因为很可能对方正在忙不方便回复，要表现出自己的耐心。

QQ沟通时的8个注意事项总结起来就一句话：在交流过程中，多考虑对方的感受，多尊重对方。只有我们尊重别人，别人才能尊重我们；只有我们为别人着想，别人才能为我们着想。

（二）QQ群的应用

1. 加群注意事项

一个QQ号能加多少群？

很多人总希望无限加群，这是不可能的。一个QQ号可以加群的数量等于可以加的好友数量减去已加好友数量。拿非会员QQ号来说，可以加的QQ好友数+QQ群数=500。如图5-1所示，该非会员QQ号可加群数为500-57=443。

图5-1　好友人数

（1）加群验证的词句不能偷懒。

很多人追求所谓的效率，连加群的验证信息那么几个字都想偷懒，如图5-2所示。"群主好人，谢谢""谢谢""请加一下""加一下"之类的验证词句，万不可用，很多群主和管理员不喜欢这些话。为了更容易获得群主和管理员通过，请在验证信息里标明你跟群有关的身份或是行业信息，如图5-3所示。

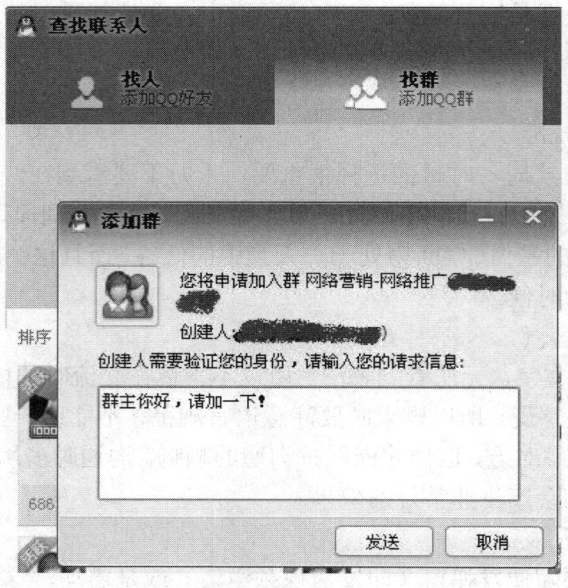

图5-2　加群输入信息

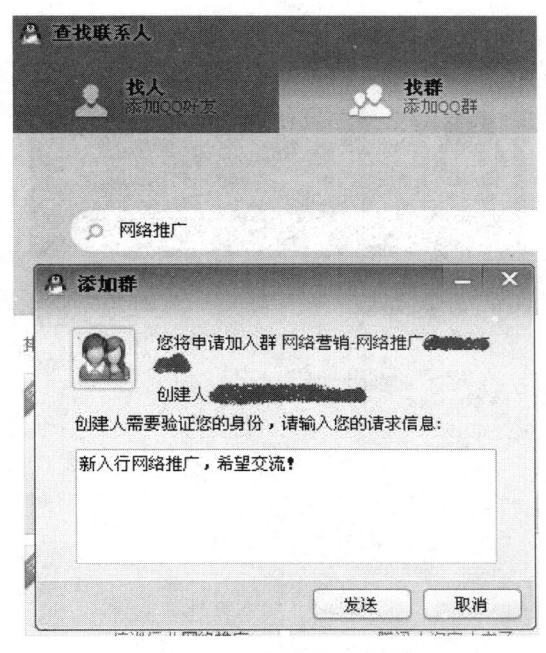

图 5-3　加群应该输入信息

（2）昵称和个性签名不要带广告性质。

大多数群成员都讨厌发广告，因而，昵称和个性签名里带广告宣传性质的词句，很容易被群主或管理员拒绝加群，如图 5-4 所示。加群时，可以临时改一下昵称和个性签名，去掉广告气息，等加群成功后再改回去。

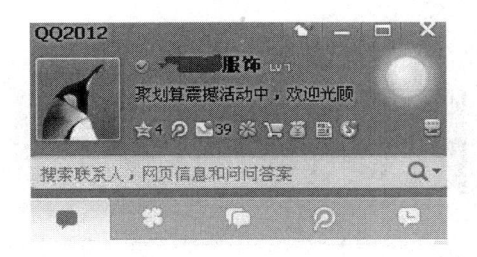

图 5-4　群昵称

（3）个人资料不要一片空白或是乱七八糟。

很多群都会有意识地控制群成员的质量，因而在审核加群申请的时候，个人资料是一个重要的参考。一片空白的个人资料，会给人造成广告小号的错觉，如图 5-5 所示；而个人资料用火星文等乱七八糟的内容，会让人觉得是非主流。这些都很容易导致群主或管理员拒绝加群。

（4）新进群要注意发言。

刚进群，如果不按群规发言，很可能被踢，那加群工作就白费了，如图 5-6 所示。很多活跃群，都会踢长期潜水的，新进群要注意稍微发言；不要发违反群规的话题；更不要刚进群就狂发广告，很多群不允许发广告，但混熟了，偶尔发发也是可以的。

（5）加群不要滥。

广告效果在精准，而不在滥发，滥发只能招致群成员举报，被踢出群甚至被腾讯锁定或封号。找群要找对行类，加群要加有影响力的活跃群，如图 5-7 所示。

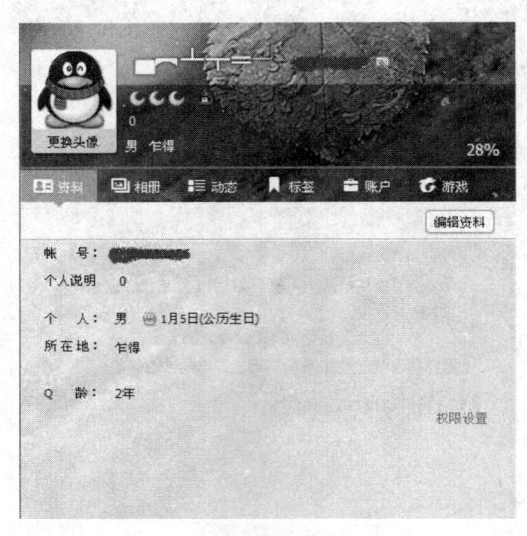

图 5-5 个人资料

图 5-6 群公告

图 5-7 找 QQ 群

（6）注意每天加群数量和频率。

腾讯为了用户账户安全等原因，用户每天加群加好友等操作都是有次数限制的，也有频率限制，超过了限制，不但操作无效徒费力，甚至还有可能被封禁 IP 和锁定账号，如图 5-8 所示。每个 QQ 号每天加群操作不要超过 20 次，最好控制在 10~15 次，频率也不要低于 10 分钟每次。同一 IP 也不要频繁进行加群操作，一个 IP 每天不要超过 20 个 QQ 号进行加群操作。

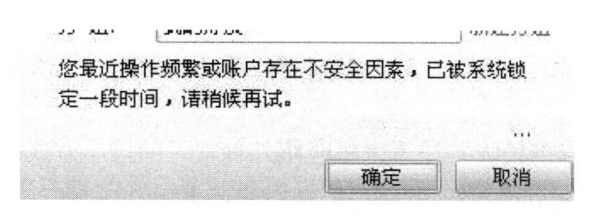

图 5-8　频繁加群

（7）多渠道获取 QQ 群。

腾讯 QQ 客户端找群很方便，但分类和群介绍信息受制于腾讯，很多无法找到，我们可以到百度等搜索引擎上寻找，如图 5-9 所示。

图 5-9　百度找群

2. 建群注意事项

建一个自己的群，非常方便，而使用别人的群，非常麻烦。而自己的群是"我的地盘我做主"，想怎么推广就怎么推广。而且作为群主，在群里拥有绝对的权威性，群内的成员也对群主的印象最深。即使不发广告，也会产生非常好的营销效果。从实际看，加 10 个群都没有一个自建的群要好。当然，不是建群就一定有效果，需要掌握一些技巧。

（1）尽量多建高级群。

如何多建高级群呢？一个普通的 QQ 号码只能建一个普通群，群的上限是 100 人。而 QQ 会员，最多可以建 4 个高级群（上限 200 人）和 1 个超级群（上限 500 人）。所以建议大家在条件允许的情况下开通 QQ 会员。

（2）群的主题要鲜明。

建群的目的是将目标用户圈起来，甚至吸引用户主动加入。所以要想达到这个效果，就需要群主主题鲜明，这样吸引到的用户就越精确。例如，销售男装，那么群的主题一定要围绕"男装"关键词展开，越精准越好。

（3）群名要有针对性。

对于自建的群，可以在群名称前加一个针对性的标志性词汇。

（4）男女比例要适当。

"男女搭配、干活不累",这是多少老前辈通过实践验证出来的一条真理。群也是如此,如果一个群内男女比例适当,那么群内的气氛会非常好,会充满凝聚力,群员凝聚力会让推广工作事半功倍。

(5)保持群的活跃度。

只有群气氛活跃,成员才会喜欢这个群,产生群的归属感。成员有了归属感,才会听从群主的号令。所以千万不要做那种建群不管群的事。

(6)提升群排名。

同QQ昵称排名一样,如果能让群排在别人建立的群前面,也会起到事半功倍的效果。

3. QQ群推广技巧

如何在群里进行广告推销呢?接下来将介绍几种常见的推广方式:

(1)"擒贼先擒王"。加入一个群后,最好先和群主搞好关系,这一点很重要,让群主把你设置为管理员,让更多的人加入,大家一起讨论、交流。搞定了群主,在群里面的活动就能更好地开展了。

(2)广告频率应该本着"少而精"的原则,可以考虑每天在群里发些相关信息。当然这并不代表是纯广告,否则会引起反感甚至被退群。而是需要将你的"广告"写得吸引人或者看不出是广告,这样带来的效果特别好。这种广告文字也称为"软文",要做到"润物细无声"。

(3)有求必答。专业的技术群中,总有人会提出相关的问题,你可以把自己知道的知识说一说,这样赢得别人的信任,然后把他们介绍到相关站点上。你也可以留下答案的链接,让别人上站点去找。但是前提是你所做的必须赢得别人的信任,不要随便一个问题就把别人引入你的站点,弄得问不对答,这样就不行了。

(4)一对一行动。可以找群中聊得不错的成员单独出来聊,聊的过程中就可以将一些与你站点相关的东西介绍给对方,还可以试问"你知道XX吗?这个论坛不错,上面的资料挺全面的!"然后,对方如果感兴趣会问:"真的吗?地址是什么?"这时你就可以发链接过去了。

(5)巧用群公告。群公告是群内最显眼、广告效果最好的位置。但是群公告只有管理员才可以操作,普通群成员如何利用这块宝地呢?方法肯定有。群公告除了能显示公告信息外,还可以显示群内的最新图片,而我们就可以利用这个特点来进行推广,可以在做图软件中制作一个图片,然后上传到群里,所制作的图片自然而然就跑到群公告栏里了。

4. 如何查找目标群

下面以化妆品网络推广为例,找群的方式主要为以下三种:

(1)百度上关键词搜索法。例如,化妆品网络推广,各地化妆品网络推广群都会呈现,复制群号保存到表格里面,同时在线加群。

(2)在qun.qq.com上查找"化妆品网络推广群"字样,同时会出现很多化妆品网络交流群,可直接查找后添加。

(3)自己建立化妆品网络推广群,放在论坛、博客或其他百度贴吧里让别人来查找加入。

【拓展阅读】转载上万,如何造就?

"谁的群多?帮忙转一下,一个山东打工者,20岁,叫李涛,请速回聊城,山东聊城第三人民医院。家中失火,父母双亡,妹妹伤得很严重,想见他最后一面。舅舅:15163599145—爱心接力。这个不转对不起自己的良心!助人有报!!"这么一条消息出现在了各大QQ群里,这也不是第一次出现这样的信息,一直都有这样的信息在QQ群里转来转去。而仔细思考后,发现将这个电话号码在百度里面搜索，找到相关网页约 4000 多篇，可见这个信息的转载量有多高。在 QQ 群里转发上万次绝对不是高估，其中也会发现"山东聊城第三人民医院"，是不是可以成为变相的软广告呢？

分析：

我们来分析一下这短短几十个字隐藏什么玄机，能有四千的转载量呢。"谁的群多？帮忙转一下，一个山东打工者，20 岁，叫李涛，请速回聊城，山东聊城第三人民医院。"描述了一个人和一家医院（软广告）。"家中失火，父母双亡，妹妹伤得很严重，想见他最后一面。""家中失火，父母双亡"给人一个很悲凉的画面，谁看到都会感到痛心。还好妹妹还在人世间，但伤得很严重，想见上面所说的主人公李涛。"舅舅：15163599145—爱心接力。"一般大家都是不愿意把自己的私人信息，特别是电话公布于众，而在这里舅舅把电话公布出来，让大家觉得这个信息是真实可靠的。其实这个电话打过去永远是关机状态，但不是停机状态，要是停机，就太假了。

"这个不转对不起自己的良心！助人有报！！"这句话的分量不轻不重。有的营销人在表达让人转发，不是让人真心地去转发，而是以威胁的口语去恐吓你转发，如不转发，你的某个家人几天内会有恶报。或许有人怕被诅咒而去转发，但转发到别的群里后，大家都在骂。更为关键的是一看就像是有人在恶搞，只要还有一点头脑的人都不会去转发。

甚至就算转发了，如果是销售产品服务的，是否会在这些转发中产生转化率将是另一个问号。而在这则信息里只是说"不转对不起自己的良心，助人有报"。先是教育大家要有良心，然后是提供给大家一个帮助别人的机会，你只需轻点一下鼠标就做了一件善事，所以很多人就去做了。一个可以让网民主动去传播的故事，一定是一个完全绝对真实有可能存在的话题，也给网民更多理由去主动传播。同时广告成为这个故事里不可或缺的一部分，这也就是转载上万的真正秘诀。

（三）微博营销

1. 微博营销的概念

以微博（在网上很多人称之为"围脖"）这种网络交流平台为渠道，通过微博的形式进行推广，以提升品牌、口碑、美誉度等为目的的活动，就叫微博营销。

微博营销是刚刚推出的一个网络营销方式，随着微博的火热，催生了有关的营销方式，即微博营销。微博营销以微博作为营销平台，每一个听众（粉丝）都是潜在营销对象，每个企业都可以在新浪、网易等注册一个微博，然后利用更新自己的微博向网友传播企业、产品的信息，树立良好的企业形象和产品形象。每天更新内容就可以跟大家交流，或者有大家所感兴趣的话题，这样就可以达到营销的目的，这样的方式就是新兴的微博营销。

可能有人不太了解微博这种产品，微博是一个基于用户关系的信息分享、传播以及获取平台，用户可以通过 EB、WAP（无线通讯协议）以及各种客户端组建个人社区，以 140 字左右的文字更新信息，并实现即时分享。

微博的内容由简单的语言组成，对用户的技术要求门槛很低，而且在语言的编排组织上没有博客的要求高，只需要反映自己的心情，不需要长篇大论，更新起来也方便，字数有所限制。微博开通的多种 API（应用程序接口）使大量的用户可以通过手机、网络等方式来即时更新自己的个人信息。

目前主流微博平台有新浪微博、腾讯微博、搜狐微博和网易微博等。

2. 微博营销的特点和作用

（1）微博营销的特点。

微博营销的特点与微博这一平台密切相关，微博是手机短信、社交网站、博客和 IM 等四大产品优点的集合者。不管是内容展现还是信息发布，是传播速度还是影响深度，微博营销都体现出无可比拟的优越性。

1）多媒体、全方位展现信息。

现在很多的微博平台已经实现了从文字到图片，从动画到视频的全方位展示，这种多媒体、全方位的信息展示可以通过实现潜在消费者与品牌之间的深度关联，同时能够让单一枯燥的信息立刻鲜活起来，使得信息更加具有说服力和影响力。

2）超便捷发布信息。

一条微博最多也就 140 个字，大大降低了发布信息的门槛。人们只需要一句话的简单构思，不到一分钟就能写一条微博，比长篇大论的博客平台要便捷很多。毕竟构思一篇好博文，需要花费很多的时间与精力。同时微博发布信息的主体无须经过繁复的行政审批，从而节约了大量的时间成本和金钱成本。移动互联网的发展让微博的信息发布变得更加随时随地，用户不管是在地铁上、上班的路上，还是在等待电梯的过程中，都能够做到接触、发布微博信息。可以说移动互联网为微博的普及起到了重大的作用。

3）高速度地传播信息。

信息的高速传播关键在于微博所具有的开放性关系链。这一关系链能让一条信息得到高速传播。一条关注度较高的微博在互联网及移动互联网上发布之后，在极短的时间内就可以通过互动性转发抵达微博世界的每一个角落，达到短时间内最多的围观人数。

4）更广泛地影响消费者。

通过微博能与粉丝实现迅速的沟通，及时获得用户反馈。同时通过以人际关系为基础的关系链，信息以粉丝关注的形式进行病毒式传播，不管是传播的广度还是影响的深度都非常好。与此同时，聚合了大量忠实粉丝的名人明星能够将话题的传播量呈现出几何级方法的增长。

（2）微博营销的作用。

微博营销的作用如下：

1）提高亲和力，或使公司形象拟人化。

对于一些想改变自身公众形象的公司，非常适合用微博来操作。如果将公司形象拟人化，将极大提升亲和力，拉近与用户之间的关系，很容易实现这一效果。

2）拉近与用户之间的距离，获得反馈与建议。

做公司和做产品是一样的，任何时候都不能与用户拉开距离，任何时候都不能忽略用户的感受与声音。而通过微博这个平台，将会更好地拉近与用户之间的距离。

3）对产品与品牌进行监控。

例如，如果微博上很多用户都在批评我们的产品或公司，那就要注意了。我们要及时发现问题、解决问题。有了微博之后，可以通过这个平台更好地进行监控。可以直接通过微博平台搜索内容的方式来了解客户在谈论哪些与我们有关的话题，以及对我们的产品是否认可。

4）引发或辅助其他营销手段。

在这里纠正一个认知上的错误，很多人认为微博有病毒营销的功能，这点不对。因为微博在此方面的传播效果，远不如开心网的转帖效果好。在开心网，一个普通人的转帖，也能达到几万、几十万，甚至被转载至站外，在整个互联网上传播。但是在微博中，即使是名人的言论，也不容易达到上万的转载量。而且由于微博内容最多只有几句话，所以也很难像文章那样在互联网上被大量转载与传播。但是微博的作用也越来越凸显出来，可以通过微博来辅助时间营销、病毒营销、网络公关等，效果非常不错。

3. 如何增加粉丝

（1）如何增加粉丝。

微博营销最重要的一个前提就是需要有足够的粉丝，下面来分享下如何增加粉丝。

对于互联网人，玩微博肯定和普通网民不一样，他们有更多的资源，更多的工具，能够使微博在短期内达到一个不错的效果。但是作为普通网民，应该如何快速有效地提升自己的微博关注度和转发率呢？

先说几个必要条件：

1）一定要勤劳。懒人是玩不起博客的，微博也一样。就像很多人可以写小说却写不了微小说，区区 140 多个字却真真地见功夫，一定要做到字斟句酌才可以。所以勤劳是必需的。

2）要有执行力。介绍一些实用的方法，但是能不能出效果，关键就看执行力了。所谓执行力，就是能不能持之以恒地把一件事情做到底，做到出效果。如果是三天打鱼两天晒网，那也不适合做博客，更不用说微博了。

下面具体介绍微博应该如何打造高人气。

第一步：给你的微博定位。

和做博客一样，先给你的微博做一个定位，如果只是想发布一些个人琐事，如"起床了""我在刷牙"之类的生活片段，那就别写博文了。因为除非是名人，否则没有多少人会来关注你几点起床的。这里说的定位，就是微博的方向，是做健康类还是生活窍门类？是音乐还是电影？

建议是，先去看一下微博上的热门转载、热点话题、热门标签的排名，看一下到底哪类微博最受欢迎，然后结合自己的兴趣爱好进行选择。同时，在选择的时候也要注意，并不一定越热门的话题越好，例如，笑话类的微博很受欢迎，但是微博上起码有几百个笑话类的微博，其中已经做出规模的就有十几个，竞争非常激烈，所以眼观六路耳听八方，切合自身条件，找到最适合自己的定位。

切记，定位是基础。定位如果做得好，可以很好地化解竞争对手的压力，可以切合自己的兴趣或资源优势，同时也更能收到用户的积极反馈，必定使后面的推广效率大大提高。

第二步：不要着急去找粉丝，先充实自己。

微博的相互关注就跟人与人做朋友是一个道理，讲究一个互惠原则。你能够带给别人想要的东西，别人才会关注你。往往好多刚开微博的人拿着条微博链接就找人互粉。里面就写了一条微博："我开微博啦，希望和大家交朋友！"这种做法不科学，别人为什么要和你交朋友呢？换句话说，别人关注你做什么呢？交了朋友以后你能给别人什么呢？

所以，一定要先充实自己的内容，然后再去求关注，求互粉，这样成功的概率会高很多。而如果你的内容特别好，则很可能吸引几千甚至几万人关注你，从而收到意想不到的结果。

第三步：充实完内容，还要把微博的资料补充完整。

什么资料呢？例如，微博名称下的简介，一定要写得有趣，如果能写得让别人欲罢不能，看了就想关注你，那就是最好了；再如，你的标签，一定要注意标签的填写，很多人都是通过标签找粉丝的,如你是做摄影微博的,那就写上"摄影""PS"之类的标签,吸引目标粉丝。

第四步:补齐资料后,再建一个QQ群。

你可能会疑惑,建QQ群做什么呢?其实微博虽然传播效率非常惊人,但其自身也有很多局限性,而最显著的局限就是你的粉丝可能无法实时接收到你的信息,因为他/她可能不在线,或者虽然在线但是关注了太多人,结果你的信息并没能有效地传递给他/她,这时QQ群的优势就显示出来了。

有了QQ群以后,你每得到一个粉丝,就给他/她发一条私信,欢迎入群,私信一定要经过包装,要有吸引力,例如:"兄弟,我这里有个微博交流超级群,里面有很多活跃用户,你要是也一样活跃,就进去和大家互相关注一下吧。"相信他/她肯定愿意去,因为这条信息是"互惠"的,它的最大特点就是聚集了很多粉丝过万的草根微博,这就是建QQ群的一大卖点,借此会吸引了不少名人微博和高粉丝微博博主到群里来。

等群里人多起来了,你每发一条微博,都可以在自己的群里发布一下,碍于群主的面子,很多人都会给你转发。这样,QQ群就成了你后期的一个永备发动机。有人会说到别人群里也一样有人帮你转发,那得看你善不善于经营了。

第五步:建立好QQ群后,开始正式推广。

其实这里的推广就和大家平时了解的手段差不多了,不作过多介绍。你可以先加入一些QQ互粉微群,主动去关注,也可以加入一些互粉QQ群,这样速度更快。基本上半个月做到1500粉丝是比较轻松的。这时你的QQ群想必也初具规模了,你的微博也就可以进入正常的发展轨迹了。

第六步:如何增加转发。

进入正轨后,博主需要关心一下自己的转发量了,因为转发可以为你带来更多的曝光机会以及增加粉丝。除了在自己的QQ群里发布微博链接引导转发外,增加转发其实还有一个方法。可以在一条微博发布之后,把微博链接和内容简介一个个地发给你的粉丝量比较大的粉丝们。只要微博内容优秀,这样做的效果是很明显的。

第七步:保持更新频率,保证更新量,进一步提高粉丝数。

当粉丝量超过2000以后,你的微博就已经超过了临界点,互粉的效果就微乎其微了,后面的成果就要靠内容和勤奋了。当你上了草根微博(微博粉丝过8000可上)排行榜后,你的微博就真正进入正轨了。

(2)微博营销操作要点。

1)微博营销的关键是人气。对于没有任何人气、没有任何知名度和影响力的公司,做微博营销是不太适合的,至少要先把人气积累足。

2)微博不是广告发布器。很多人做微博营销,就是拉一大堆粉丝,然后上去发发广告。这是极错误的认知。千万不要只把微博当成广告发布器,这完全是在浪费时间和精力。

3)主动寻找用户。对于一些特定的产品,微博也可以帮助其实现精准营销。

4)全员上阵。如果团队或是公司人很多,那鼓励他们都开通微博,多在微博中讨论公司中的生活、工作、企业文化等,向大众展现一个真实、温情、朝气蓬勃的公司形象。

5)研究国外的应用。毕竟微博是舶来品,国外在此方面的应用比国内早了好几年。所以多关注和研究国外的应用,会有很多新的发现和收获。

6)不要只记流水账。微博本身就是通过语言、文字与用户互动,从而达到营销的目的。

所以文字上一定不能只是记流水账，内容要情感化，要有激情，要提供有价值、有趣的信息，例如，配合秒杀活动、打折信息等，而且这些信息一定要真实、透明。

7）尊重用户，不与用户争辩。千万不要在微博上与人争论和吵架，这是很不明智的，除非不想要自己的品牌形象了。

8）不要单方面发布。对于在微博这种 Web 2.0 的平台做营销，一定不能只是单方面地发布信息，一定要学会与用户互动。这样才能获得用户的信任与好感，同时也只有这样才能真正让用户参与到公司的活动中去，并提供有价值的反馈与建议。

4. 知识拓展

介绍几个知名微博营销网站，你只需注册一下即可，发布一定金额的任务就能让微博博主帮你做广告，即转发你的微博。你的微博可以发布你店的网址、店内促销信息等，效果还是不错的。

（1）时间财富（http://www.680.com/weibo/）。

时间财富是中国威客模式（WitKey）的专业网站，也是威客行业领先的威客网。威客中国提供的悬赏项目（任务）包括 logo 设计、Flash 制作、网站建设、程序设计、起名服务、广告语、翻译、方案策划、劳务服务等。

（2）微播中国（http://www.weibcn.com/）。

微播中国是聚百万网络水手的网络推手平台，公司定位于中高端网络推广服务，为雇主提供微博营销、企业微博托管、发帖推广、文案写作、问答推广、创意设计，为网络推手提供网络兼职、网络赚钱、注册网站。

（3）微发动（http://www.weifadong.com/）。

微发动网是一群真诚、团结、阳光、向上、创新、与时俱进的年轻人打造的微博网络营销平台，是社会化营销的体现。微发动致力于帮助需要推广宣传的广告主们（企事业单位或个人）将自己的业务及项目通过微博裂变式传播推广，以最快的速度传播给每一个人。用户可以通过微发动平台找到感兴趣的广告，用转发、分享等方式在自己的微博/SNS 宣传。

（4）V5 威客网（http://www.vike5.com/）。

V5 威客网，微博、发贴、悬赏、威客力量一个都不能少。V5 威客网提供推广、设计、编程、翻译、起名等优质威客服务，让雇主的付出获得最好效益，让威客服务实现最大价值！

【项目小结】

本项目以小丽想学习网络营销为主线，讲述了网络营销的概念、工具和方法，包括什么是网络营销、网路营销与传统营销的区别、网络营销的常用方法。通过用 QQ 群推广和微博营销，贯穿了网络营销的技能。

【职业技能训练】

一、选择题

1. 不属于网络支付的工具的有（　　）。
　　A．银行卡　　　　B．手机账户　　　C．虚拟账户　　　　D．支票
2. 淘宝网店申请时需要的年龄最低是（　　）。

    A．14 周岁　　　　B．15 周岁　　　　C．16 周岁　　　　D．18 周岁
3．下列不属于微博特点的是（　　）。
    A．个性化　　　　B．互动性　　　　C．固定模式　　　D．内容题材灵活
4．目前适合在互联网上销售商品具有的特性不正确的是（　　）。
    A．畅通性　　　　B．高价位　　　　C．均质性　　　　D．稀有性
5．廉价商品一般采用（　　）定价方法。
    A．尾数　　　　　B．整数　　　　　C．特价　　　　　D．平价

二、判断题（正确的打"√"，错误的打"×"）

1．网络市场调研人员建立和使用数据库一般有两种途径，即利用互联网上已有的数据库和建立企业自己的数据库。（　　）
2．有了网络顾客并不意味网络营销的成功，网络营销实施的必不可少的基础是外部支持系统，即企业外部网。（　　）
3．内部网与互联网的主要区别是：前者只限于企业内部人员使用，后者则是全球公开连通。（　　）
4．网络营销广告与传统广告最大的不同就在于网络营销广告是双向的沟通。（　　）
5．从旗帜广告是否有超级链接的角度，旗帜广告可以分为静态的旗帜广告和动态的旗帜广告。（　　）

三、简答题

1．网络营销的概念和特点是什么？
2．网络营销与传统营销有什么异同点？
3．简述网络消费的特点。
4．网络营销常用的有哪几种方法？
5．分析网络营销促销策略。

四、操作与实践

请你用自己的微博和 QQ 群为小丽做网络营销。

项目六　电子商务应用——网上开店

【项目情景设计】

小丽家的大棚蔬菜在小丽和老爸不断创新的销售思路下，生意越来越好，顾客也越来越多，有的顾客实在很忙又没有时间来购买，就打电话订购。但是由于订单较多，家里人手也不够，经常会出现信息登记错误，地址和数量写错的情况。小丽决定在帮老爸网上开个网店，这样顾客直接下单，按照订单发货就会减少这种出错的概率了。只要保鲜和包装做好，也可以面向全国进行销售，这样能够更好地扩大销售范围，增加收入。

思考：你在网上买过东西么？你知道网上哪些东西卖得比较好么？你有兴趣去网上开店么？你知道开店前要做哪些准备么？

【项目目标】

能力目标：

能够掌握网上开店的基本步骤，能够正确选择网络销售产品，熟悉网店开设规则和要求，具有选择合适平台开设店铺的能力。激发创业热情，培养积极进取、勇于挑战、勇于创新的意识。

知识目标：

（1）熟悉网店产品的选择原则，了解网店的开设规则和要求。
（2）掌握不同的电子商务平台。

【项目分析】

自己开店做老板，是许多人的梦想，随着网络技术的发展，网上开店给人们提供了一个实现梦想的机会。网上开店没有复杂的程序，不需要昂贵的店面租金，也无需仓库，同时上手容易，利润也可观。对于希望开店创业又难以投入太多资金的人说，开网店无疑是较好的选择。然而开网店也不是人人都可以做好的事，必须要熟悉网店的开设规则，选对正确的商品，并具备一定的店铺装修能力和良好的销售能力，才有可能做出一番成就。

任务1　了解网店

一、任务导入

对于开网店，小丽是充满热情的，也希望真正帮老爸把自家生意做得更好，可是对于老爸来说，这难度就很大了，因为他对于网络销售一点都不了解，不见面怎么就可以卖东西呢？该如何准备货源，如何充分利用自己的优势和特点呢？小丽决定一起和老爸解决这些难题。

二、任务分析

网络经济的快速发展打破了原有的经济格局，成为影响经济增长、企业甚至国家竞争力的核心因素。与网络经济同步起飞的电子商务更是催生了一批新兴的商业活动实体——网络店铺。

三、知识百宝箱

（一）网店的特点

网店作为电子商务的一种形式，是从一开始单一的网上展示产品演变而来的，不仅可以展示产品，还可以让浏览者进行实际购买，网店是能够通过各种在线支付手段进行支付完成交易全过程的网站，具有方便快捷、交易迅速、不易压货、打理方便、形式多样等特点。

（二）网店的类型

1. 批发零售模式

这是最为经典的传统网店经营模式。店主去服装市场或工厂以低价批发一定量的服装，然后通过淘宝店以零售的价格出售，店主赚取的是批发和零售之间的差价。目前大量的淘宝卖家都选择了这种经营模式。这种经营模式可行性一般，因为需要仓库，需要稳定的进货渠道。关于成本方面，很显然需要一定资金的投入和周转。由于淘宝有大量的买家，这种零售模式有可观的利润。但是，由于同时存在着大量的同类产品，所以面临着巨大的竞争。阿里巴巴网上进货渠道的建立使得更多的人能够从网上批发产品到淘宝上零售，这种模式也是批发零售模式的一种延伸。

2. 分销模式

成功的淘宝卖家需要扩大经营，寻找分销商就是一个非常有效的方式。目前有越来越多的人在选择这种模式。对于那些已经在淘宝有一定经验和信誉的卖家，可以选择这种模式。由于只是分店，产品推广、商品文案等大量前期工作都是总店或供应商完成的，所以，对于那些没有太多业余时间的兼职卖家，这是一个不错的店铺经营模式。这种模式可行性高，不需要仓库，不需要发货，有稳定的货源。由于不需要库存，成本相对是比较低的。但是，分销是有压力的。往往供应商会要求你有一定量的出货，而出货的量是和进货价格挂钩的。所以如果没有达到供应商的要求，有可能会被取消分销的权利；另外，除了面临行业竞争以外，还要和供应商的店铺竞争，因为他们有更高的成交量和信誉等级。

3. 特产模式

新疆人能够在网上卖什么？当然不是哈密瓜！答案就是干货！这就是特产模式。利用当地特产在淘宝网上销售，能够吸引很多忠实的买家。只有部分人才能选择特产作为经营模式。例如，武汉的鸭脖、安溪的铁观音、宁夏的枸杞子、杭州的丝绸等。如果生活在这些以某种特产闻名的城市，不妨把那里的特产放到网上卖。这种模式对于大多数人可行性不高。它需要稳定的货源，需要有竞争性的价格，需要一定的仓储能力。经营这样的特产品淘宝店，可以说成功的概率非常高。一些在网上卖西部干货的网店，很多都已经是皇冠店了，由于这些特产由原产地通过淘宝店销售到全国各地，这中间有相当不错的利润。

4. 专业产品模式

你是无线电爱好者吗？或者你喜欢搞收藏？或者你是摄影发烧友？不妨去淘宝网开一家专业产品店，如无线电、航模、收藏品和摄影器材等。这种模式只适合那些发烧友或某个行业的专家。小张就是通过这种模式开始自己的淘宝生涯的。他喜欢数码产品，如各种 PDA、单反相机等，把这些东西拿到网上与一些和他有相同爱好的人交流，既可以增加这方面的知识，又可以顺便成就生意。成本依赖于自己的爱好领域，如某些收藏品就非常贵。当然，发烧友通常不计较成本。利用这样的经营模式成功的概率也是很高的。

5. 实体店网店模式

如果自己已经有一家实体店，那么去淘宝网开一家网店再容易不过了，只需要学习网上交易方面的知识就可以了。例如，在北京拥有一家服装店铺，由于夏季即将过去，还有部分夏装积压在仓库，这个时候网店发挥了作用，因为南方的气温还很高，那些区域的买家仍然有购买夏装的需求。这种模式当然只适合那些已经有实体店的商家。通过网络营销能够降低库存，拓宽区域市场，从而驱动产品的销售量。网店的成本显然应该低于实体店，基于实体店的操作经验，在淘宝网很容易成功地销售自己的产品。

6. 虚拟产品模式

淘宝网有很多虚拟产品店铺，如 QQ 币、充值服务、软件等，这些产品不需要通过物流发货，成交快速，很容易在短期内做到一定的成交量和信誉等级。这种模式比较适合那些在校的学生。因为它进入门槛低，成本低，店铺容易打理。但是由于淘宝官方对于这类店铺有很多限制，如很多推广活动都明确不让这类店铺参加。所以这种经验模式也很难获取较好的利润。

（三）网店发展趋势

未来的电子商务平台将面向资源整合型发展，这样的平台可以实现与银行、物流企业、海关、国外公司、消费者等的对接，真正在电子商务的每一个环节都发挥自己的作用。随着宏观环境的成熟，网店发展的环境将得到进一步的改善，高铁、城市群等的建设，极大地提升了交通物流体系，无论是企业建立自身的物流体系还是采用第三方、第四方物流都将拥有更高的效率；宽带速率的提高，移动 3G、4G 网络的普及，物联网的建设，信息的流通也将加快；此外，创业板的建立，银行对中小企业的扶持力度加大，VC 及其他投资机构的增加，将解决企业的资金难题；同时，人们更乐意接受网上购物这样的消费方式等。总之，无论是政府的规划还是市场自身的发展，对促进电子商务的发展都大大有利，当基础设施与消费环境得到改善之后，电子商务将使各行各业进入完全竞争的市场时代，网店的竞争会越来越集中在经营理念的竞争上，更进一步地说将是各自创意的竞争。

任务 2　选择网店产品

一、任务导入

现在网络购物是一种发展趋势，可是网上卖农产品和蔬菜到底可不可行呢？小丽的老爸很迷茫，毕竟农产品不像衣服那样便于运输，也不像饰品那样便于储存，农产品的保质期也比较短，老爸一肚子的迷惑。小丽决定先做下市场调查，分析产品，看看什么样的农产品顾客会选择在网上购买，又会选择什么样的价位和特色产品。

思考：你认为小丽家的农产品网络销售是否有可能？你知道的网络销售量较多的产品有哪些类目？

二、任务分析

网上开店步骤很简单，网络上每天都有很多新店注册，也有很多老店关闭。开店前首先要充分考虑自身的情况给网店定位，看适合开什么网店，这样才能做到准确营销。网店的定位是做好网店推广的第一步，所以十分重要。

三、知识百宝箱

（一）适合网上销售的产品范围

网络营销产品的特点是由于网络的限制，只有部分产品适合在网上销售。随着网络技术发展和其他科学技术的进步，将有越来越多的产品在网上销售。目前在网络上销售的产品，按照产品性质的不同，可以分为两大类，即有形产品和无形产品。

1. 有形产品

将网上销售的产品分为有形和无形两大类，主要是根据产品的形态来区分。有形产品是指具体物理形状的物质产品，在网络上销售有形产品的过程与传统的购物方式有所不同。在这里已没有传统的面对面的买卖方式，网络上的交互式交流成为买卖双方交流的主要形式。消费者或客户通过卖方的主页考察其产品，通过填写表格表达自己对品种、质量、价格、数量的选择；而卖方则将面对面的交货改为邮寄产品或送货上门，这一点与邮购产品颇为相似。因此，网络销售也是直销方式的一种。

2. 无形产品

无形产品与有形产品的本质区别是：无形产品一般是无形的，即使表现出一定形态也是通过其载体体现出来，产品本身的性质和性能必须通过其他方式才能表现出来。在网络上销售的无形产品可以分为两大类：软件和服务。软件包括计算机系统软件和应用软件。网上软件销售商通常可以提供一段时间的试用期，允许用户尝试使用并提出意见。好的软件很快能够吸引顾客，使他们爱不释手并为此"慷慨解囊"。服务可以分为普通服务和信息咨询服务两大类，普通服务包括远程医疗、法律救助、航空火车订票、入场券预定、饭店旅游服务预约、医院预约挂号、网络交友、电脑游戏等，而信息咨询服务包括法律咨询、医药咨询、股市行情分析、金融咨询、资料库检索、电子新闻、电子报刊等。

（二）适合网上销售的产品特征

从理论上讲，网络只是人们从事商务与社会活动的一种工具，任何产品都可以在网上销售。但在市场实践中，并不是所有产品都适于在网上销售。因为，这涉及市场环境的发育程度、商品用户的消费心理与消费习惯等。在目前的市场环境条件下，适于网上销售的产品一般应具有以下一种或几种特征。

1. 知识型产品

知识型产品属于智力密集型的产品，较典型的如各种电脑软件、图书等。分析家们认为，电子商务将在计算机、软件、目录和图书等领域占有20%～60%的份额。这是因为首先想要上网购物，必须上网，而无论国内还是国外的网络用户都主要集中于知识层次较高的人群，知识型产品是他们首要的消费对象。其次，知识型产品具有投入资本的有机构成高、利润率高的特点。目前，网络经济的市场环境发育尚不成熟，电子商务网站要保证其营销活动的顺利进行与发展，知识型产品也会成为首选的销售对象。因此，目前网上销售的产品即以软件、图书等知识型产品居多。此外,生产知识型产品的企业大都上网了,如果自己企业不上网,那么相互间的交易都会成问题。如 Intel 公司就宣布从 2000 年开始,要把整个公司的采购全部搬到网上去,也就是说你不上网卖东西,就没法进行交易了。

2. 受众(用户)范围较为宽泛、不特定的产品

假如一个企业生产和销售的产品,是属于市场容量很小,受众特定、单一的产品,那么网上销售很难带来盈利,反而会使企业的营销成本上升。因为网络的特征之一,就是打破了时空限制,能让更多的人在更多的时间内获取对自己有用的信息和产品。而企业产品的信息受众范围狭小,在网上只会受到极少量的用户关注,因而形成资源浪费,得不偿失。反之,受众范围广、不特定的产品,则能够充分利用网络的优势,让为更多的用户所知晓,将最大可能地把潜在用户的注意力吸引过来,创造更多实际的消费需求,从而获得更高的收益回报。

3. 能被普遍接受的标准化产品

这类产品的特点在于,产品质量、性能易于鉴别,具有较高的可靠性。即使发生产品质量纠纷,也易于解决。而且,此类产品的售后服务工作也易于开展,对厂家和消费者都较为有利。如数码类的产品就是典型的例子。

4. 内部品种极为丰富的产品

有些产品,如图书、音像制品,内部品种繁多,传统的商业形态无法全部罗列或展示穷尽。国内数百家出版社,一年出版新书近 20 万种,有哪一个传统书店可以全部上架?书店是有经济意义上的空间边界的;由于大部分图书品种购者寥寥,所以面积过大,空间效率必低。

5. 个性化需求明显且需与消费者有深入的沟通和互动的产品

戴尔当年创立网上销售个人电脑的营销模式时,其思考点之一就是个人电脑存在着个性化需求,通过互联网平台可以获取消费者的个性化需求信息。对于时装、家具、家庭装修以及一些文具、日用品等,几乎一人一种口味、一人一种爱好,借助于网络供需双方可以充分、详尽地沟通交流,真正的营销导向型运作——柔性的按需供货也由此实现。目前,除了戴尔网上电脑销售红红火火外,传统行业产品(尤其是时装、家具等与广大消费者密切相关的产品)网上销售份额很小或鲜见,说明传统行业的互联网化、信息化以及营销模式的创新尚有较大的空间。

6. 传统销售方式成本较高的产品

一说起珠宝钻石、时装名表,人们首先想到的是"昂贵"。其实,这些产品之所以价格高,很大程度上是由于传统业态销售成本高、效率低。气派华贵的专卖店或专区、专柜,美仑美奂的装修布置,漂亮典雅的销售人员,无不推高销售的费用;但销售的效率却较低。试想一下,名贵项链、钻戒能出现购者汹涌的场面吗?可能性不是没有但是较小。效率低反过来又抬高了产品的价格:大量的销售成本摊到了少数购买者头上。网上销售消解了有形的卖场,大幅度降低销售成本,从而可以让利于消费者,与传统业态相比有了一定的竞争优势。

7. 物理形态适合于物流配送的产品

众所周知,物流配送是电子商务的支撑,而 B2C 对物流配送的要求更高(定点定时,送货上门;有时还需订购者本人签收)。产品的形状、体积、结构、质地,对物流配送的难易程度、费用高低产生着作用,从而影响它们与电子商务的契合。例如服装与电子产品等就是典型的例子。当然,这只是对网上销售产品特征的简单总结。随着市场环境的发展完善、消费者的消费观念更新,网上销售产品也会不断产生新的内容,表现出新的形式。

（三）自备货源的选择

1. 质量容易控制的产品

因为网上直接销售，消费者与商家不见面，而消费者又看不到商品的实物，只能根据商家提供的图片和文字信息来了解商品，如果商家提供的资料不准确、不详细，就有可能使消费者对商品不满意而产生退货行为。质量容易控制的商品，如书籍、音像产品、电子产品及标准化的商品，就更适合在网上销售。

2. 新产品

新产品由于刚推出，缺乏大规模推广，不易在传统店铺里销售，而网上低廉的销售模式则容易产生效果。

3. 手工产品

手工产品受限于生产能力，量都不大，通过传统渠道销售会产生比较大的销售成本，而通过网络销售成本可以降到最低，而且可以接触到最广泛的客户群。网上手工店特别适合于个人或家庭的手工制品销售。

4. 附加值高的产品

开网店应当尽量选择利润率比较高，能够给顾客提供较大折扣的商品。

5. 针对特殊人群的产品

针对某一特殊人群细分市场的商店，更适合在网上开店。某一特殊人群在整个消费者群体中比例是小的，而对于整个城市来说其数量也是不小的，传统店铺受到位置局限，城市中一个小区域可能客户很少，而如果放到网上，就可以不受位置局限，面对更广阔的消费者，开传统店铺不划算，开网店则可能有一定的利润。

6. 消费者有购买保障的商品

举例来说，成人用品是有着潜在需求的，但是可能很多人不好意思直接到街上的店铺去购买。事实也证明，成人用品在网上的消费量是很大的。

（四）代销商品的选择

确定卖什么之后，就要开始找货源了。网上店铺之所以有空间，成本较低是重要因素。掌握了物美价廉的货源，就掌握了电子商务经营的关键。

1. 充当市场猎手

密切关注市场变化，充分利用商品打折找到价格低廉的货源。以淘宝网上销售非常火的名牌衣物为例，卖家们在换季时或特卖场里淘到款式和品质上乘的品牌服饰，再转手在网上卖掉，利用地域或时空差价获得足够的利润。

2. 关注外贸产品

如果有熟识的外贸厂商，可以直接从工厂拿货。在外贸订单剩余产品中有不少好东西，这部分商品大多只有 1～3 件，款式常常是明年或现在最流行的，而价格只有商场的 40%～70%，很有市场。

3. 专业的代理网站

现在有很多网站专业做网店代理，一件代发，可以根据代理商对其评价来查看其信誉度。这种方式可以使网店店主只是一个销售者，进货、发货都由代理商来完成，相对来说比较适合兼职或者资本投入少的网店店主。

（五）选择网上产品时应该注意的事项

1. 进货前应该注意的事项

第一，在进货之前要做一个具体的规划和安排，要进多少种类，各类的数量，还有货品的档次和颜色，都要提前进行细致的计算，切不可没有目的、没有目标、没有数量，没有高中低之分，这样会浪费有限资金。

第二，要在进货的计划中考虑季节和流行趋势，不可盲目根据自己个人的喜好无节制地发挥，要多总结，多调查，多了解需求趋势。

第三，要注意自己的店铺的风格，走什么路线，消费群体的定位，年龄要准确，整体的货品风格要保持一致，切忌在进货当中迷失方向！

第四，在中低档货品中，看重样子和颜色，在中高档货品中要看中特色和质量，三者比例要明确，切忌胡乱发挥。

2. 进货时要注意的事项

第一，在进货的具体运行当中，首先要有自己的主见和基本定位，切忌在众多的商品当中迷失自己，也不要轻易地相信店主推荐的货品，一听到"卖得很好"就盲目跟货，要注意自己的风格和资金。

第二，众多的样品肯定会使你眼花缭乱，所以进货的时间不可太长，大概两小时，如果时间太长就会失去辨别能力，会把很多"次品"拿回来。

第三，进货的过程当中要注意比较货品的风格和颜色，一个人的欣赏眼光毕竟趋同，所以要多总结、多回想、多比较。

第四，货品的颜色也要做好搭配，春夏以亮色为主，秋冬以艳色为主，还要考虑拍出来照片的效果，所以最好实现多样化，不要颜色太单一，这样店铺的整体颜色就会很漂亮的。

第五，风格要大致保持一致，在此前提下，品种也可以稍微多样化。

第六，价格是重要的考虑因素，特别优质的产品价格一般较高，所以要考虑到店铺的整体档次，不要贸然出击！

3. 进货后注意事项

第一，货品挑好以后，一定要注意仔细检查货品是否有质量问题和包装问题。不要大意，还有货品的颜色是否正确。

第二，在付钱之前，要查看出货单子的价格是否吻合，因为有时候价格出错，会导致自己的损失。

第三，回来后，要把所有的货品进行仔细的编号和整理，要和店铺里的图片编号相一致，以免在发货时出现不必要的错误。

第四，把自己的进货单子整理好，把进货的日期和编号、价格都整理好，以便进行自己的财务管理。

任务3　掌握网店开设规则及要求

一、任务导入

小丽经过市场分析，决定做绿色蔬菜产品的网店销售，小丽家的店铺生意越来越好了，为了更好地扩大知名度，小丽报名了天天特价活动：原价 108 元一箱的草莓现价 38 元。活动期间带来了大量的流量，活动结束也接下了将近 500 单的生意。可是由于活动期间刚好天气突然降温，很多草莓没有做好防范工作，都腐烂了，小丽只好给不能及时发货的顾客一一打电话解释。但是其中一顾客认为小丽故意报名天天特价活动，采用欺骗手段获得免费流量，于是对小丽家的店铺进行了投诉。

思考： 如果你是小丽，你该怎么办？小丽家的店铺会被处罚么？

二、任务分析

网络技术的发展促进了电子商务的进步，使网上购物成为一种可能。由于网上购物具有不受时间限制、选择范围广、商品种类多、价格便宜、方便快捷等显著特点，所以受到大众的喜爱和推崇，网上购物的兴趣带来了巨大的网络商机。人们纷纷加入到网上开店的行列中，梦想成为成功的网上淘金客。但想要经营好网店，不仅需要经营者的一腔热情，而且需要经营者熟悉开网店的基础流程，掌握科学的管理方法，懂得有效的营销技巧。只有做好充分的准备，了解开网店的各种规则，才能让自己的网店从众多的网店中脱颖而出，赢得顾客和市场。

三、知识百宝箱

（一）淘宝网店开店规则

1. 规则制定的目的

制定淘宝规则的目的是促进开放、透明、分享、责任的新商业文明，保障淘宝网用户合法权益，维护淘宝网正常经营秩序，根据《大淘宝宣言》及《淘宝网服务协议》制定了相关的规则。

淘宝开店必须通过淘宝开店考试，这个是 2010 年年底淘宝网对新卖家启用的新规则。考试的主要内容是《淘宝规则》，考试分数须达到 60 分才能通过，其中的基础题部分必须达到准确率 100%。考试通过后阅读诚信经营承诺书，然后根据提示填写店铺名称、店铺类目及店铺介绍，勾选同意"商品发布规则"及"消保协议"，然后确认提交即可。

2. 淘宝规则主要内容

淘宝规则主要包括以下几个方面的规则：

（1）基本规则如图 6-1 和图 6-2 所示。

（2）注册规则如图 6-3 所示。

（3）超时规则如图 6-4 所示。

（4）评价规则如图 6-5 所示。

（5）特殊市场规则如图 6-6 和图 6-7 所示。

第一章 概述	
第一条	为促进开放、透明、分享、责任的新商业文明，保障淘宝用户合法权益，维护淘宝正常经营秩序，根据《大淘宝宣言》及《淘宝服务协议》，制定本规则。
第二条	淘宝规则，是对淘宝用户**增加基本义务**或**限制基本权利的**[2]条款。
第三条	违规行为的认定与处理，应基于淘宝认定的事实并严格依规执行。
第四条	淘宝用户在适用规则上一律平等。
	用户应遵守国家法律、行政法规、部门规章等规范性文件。对任何涉嫌违反国家法律、行政法规、部门规章的行为，本规则已有规定的，适用本规则；本规则尚无规定的，淘宝有权酌情处理。但淘宝对用户的处理不免除其应尽的法律责任。
	用户在淘宝上的任何行为，应同时遵守与淘宝及其关联公司所签订的各项协议。
	淘宝有权随时变更本规则并在网站上予以公告。若用户不同意相关变更，应立即停止使用淘宝的相关服务或产品。
	淘宝有权对用户行为及应适用的规则进行单方认定，并据此处理。
第二章 定义	
第五条	淘宝，指由浙江淘宝网络有限公司运营的网络交易平台，包括淘宝网，淘宝商城，一淘网。
第六条	用户，指具有完全民事行为能力的淘宝各项服务的使用者。
第七条	会员，指与淘宝签订《淘宝服务协议》并完成注册流程的用户。一个会员可以拥有多个账户，每个账户对应唯一的会员名。
第八条	买家，指在淘宝上浏览或购买商品的用户。
第九条	卖家，指在淘宝上发布商品的会员。
第十条	拍下，指买家在淘宝上点击并确认购买的行为。
第十一条	交易，指淘宝上单次拍下同一商品。
第十二条	绑定，指淘宝账户与支付宝账户一一对应。

图 6-1　淘宝基本规则 1

第十三条	商品发布数量，指卖家在淘宝上出售中及在线上仓库中商品数量的总和。
第十四条	退货运费险，指保险公司为投保该险种的淘宝会员支付单次退货运费。
第十五条	分销商品，淘宝分销平台分销商从其供应商获取并出售的商品。
第十六条	店铺屏蔽，指在搜索、导航、营销等各项服务中对会员店铺及商品等信息进行屏蔽的处罚措施。
第十七条	限制发布商品，指禁止淘宝会员发布新商品的处罚措施。
第十八条	限制发送站内信，指禁止淘宝会员发送站内信的处罚措施。
第十九条	限制社区功能，指禁止淘宝会员使用淘江湖、论坛、帮派、打听等社区类服务的处罚措施。
第二十条	限制买家行为，指禁止淘宝会员购买商品的处罚措施。
第二十一条	限制使用阿里旺旺，指禁止淘宝会员使用阿里旺旺的处罚措施。
第二十二条	关闭店铺，指删除淘宝会员的店铺，下架店铺内所有出售中的商品，禁止发布商品，并禁止创建店铺的处罚措施。
第二十三条	公示警告，指在淘宝会员的店铺页面、商品页面、阿里旺旺界面，对其正在被执行的处罚进行公示的处罚措施。
第二十四条	查封账户，指永久禁止会员使用违规账户登录淘宝、使用阿里旺旺等工具的处罚措施。
第二十五条	节点处罚，指当会员违规扣分累计达到一定分值时而被执行处罚的过程。
第二十六条	**店铺装修区，指店铺招牌、宝贝分类、公告栏、促销区、广告牌等店铺相关模块。**
第二十七条	成交，指买家在淘宝上拍下商品并成功付款到支付宝。
第二十八条	下架，指将出售中的商品转移至线上仓库。
第二十九条	包邮，指卖家对所售商品承担大陆地区首次发货的运费。

图 6-2　淘宝基本规则 2

第三章 交易	
第一节 注册	
第三十条	淘宝会员名、淘宝店铺名或域名中不得包含违反国家法律法规、涉嫌侵犯他人权利或干扰淘宝运营秩序等相关信息。
	会员名注册后不得自行修改。
	淘宝有权收回未通过支付宝实名认证且连续一年未登录淘宝或阿里旺旺的会员名。
第三十一条	若会员已通过支付宝实名认证且发布过商品或创建过店铺、尚有未完结的交易或投诉举报、支付宝账户尚未被激活或尚有被冻结款项的,则其淘宝账户不得与支付宝账户取消绑定。
第二节 经营	
第三十二条	会员将其账户与通过实名认证的支付宝账户绑定,公示真实有效的姓名地址或营业执照等信息,并通过开店考试后,方可创建店铺。
	一个会员仅能拥有一个可出售商品的账户。
第三十三条	会员账户已绑定通过实名认证的支付宝账户,即可发布闲置商品,但创建店铺后方可发布全新商品。
	已发布商品的数量可能受到以下限制:
	(一)淘宝网有权根据卖家所经营的类目、信用积分调整其商品发布数量上限,但被调整后的可发布商品数量不少于一百件;
	(二)淘宝网卖家发布闲置书籍、闲置音像类商品不得超过五十件,且同款闲置书籍不得超过一件。
第三十四条	"商品如实描述"是卖家的基本义务,指卖家在商品描述页面、店铺页面、阿里旺旺等所有淘宝提供的渠道中,应当对商品的基本属性、成色、瑕疵等必须说明的信息进行真实、完整的描述。
	卖家应保证其出售的商品在合理期限内可以正常使用,包括商品不存在危及人身财产安全的不合理危险、具备商品应当具备的使用性能、符合商品或其包装上注明采用的标准等。

图 6-3　淘宝注册规则

第三节 超时规定	
第三十五条	自买家拍下或卖家最后修改交易条件之时起三天内,买家未付款的,交易关闭。
第三十六条	买家自付款之时起即可申请退款。自买家申请退款之时起两天内卖家仍未点击发货的,淘宝通知支付宝退款给买家。
第三十七条	自卖家在淘宝确认发货之时起,买家未在以下时限内确认收货且未申请退款的,淘宝通知支付宝打款给卖家:
	(一)自动发货商品一天内;
	(二)虚拟商品三天内;
	(三)快递、EMS及不需要物流的商品十天内;
	(四)平邮商品三十天内。
第三十八条	**买家申请退款后,依以下情况分别处理:**
	(一)卖家拒绝退款的,买家有权修改退款协议、要求淘宝介入或确认收货。买家在卖家拒绝退款后七天内未操作的,退款流程关闭,交易正常进行;
	(二)卖家同意退款或在五天内未操作的,且不要求买家退货的,淘宝通知支付宝退款给买家;
	(三)卖家同意退款或五天内未操作的,且要求买家退货的,则按以下情形处理:
	1、买家未在七天内点击退货的,退款流程关闭,交易正常进行;
	2、买家在七天内点击退货,且卖家确认收货的,淘宝退款给买家;
	3、买家在七天内点击退货,通过快递退货十天内、平邮退货三十天内,卖家未确认收货的,淘宝通知支付宝退款给买家。

图 6-4　超时规则

第四节 评价

第三十九条	买卖双方在支付宝交易成功后十五天内可以进行评价。评价包括"信用评价"及"店铺评分"。
第四十条	在信用评价中，评价人若给予好评，则被评价人信用积分增加一分；若给予差评，则信用积分减少一分；若给予中评或十五天内双方均未评价，则信用积分不变。如评价人给予好评而对方未在十五天内给其评价，则评价人信用积分增加一分。
	相同买、卖家任意十四天内就同款商品的多笔支付宝交易，多个好评只加一分、多个差评只减一分。每个自然月，相同买家与淘宝网卖家之间交易，双方增加的信用积分均不得超过六分；相同买家与淘宝商城卖家之间交易，买家信用积分仅计取前三次。
	评价人可在作出中、差评后的三十天内，对信用评价进行一次修改或删除。三十天后评价不得修改。淘宝有权删除评价内容中所包含的污言秽语。
第四十一条	店铺评分由买家对卖家作出，包括宝贝与描述相符、卖家服务态度、卖家发货速度、物流公司服务四项。每项店铺评分取连续六个月内所有买家给予评分的算术平均值。买家若完成对淘宝商城卖家店铺评分中宝贝与描述相符一项的评分，则其信用积分增加一分。
	每个自然月，相同买、卖家之间交易，卖家店铺评分仅计取前三次。
	店铺评分不得修改。

图 6-5　评价规则

第四章 特殊市场

第一节 专营类目

第四十二条	成人避孕用品计生用品类目，是供符合特定条件的淘宝网卖家发布该类目所属商品的网络交易平台。卖家加入该类目后，店铺内仅允许出售成人用品，且露点、纱状、网状、镂空的情趣内衣、成人用具商品中的敏感部位均须采用淘宝指定的遮盖物进行修饰。
	卖家若同时满足以下条件，即可加入成人避孕用品计生用品类目：
	（一）提供真实、有效的身份信息进行备案；
	（二）未在近三个月退出该类目。
第四十三条	书籍杂志报纸类目，是供符合特定条件的淘宝卖家发布该类目所属商品的网络交易平台。
	卖家若同时满足以下条件，即可加入书籍杂志报纸类目：
	（一）普通卖家需具备《出版物经营许可证》，代购卖家需提供境内网站代购账户等级信息及近一个月的代购订单信息；
	（二）未曾两次退出该类目。
	卖家若发生以下任一情形，即被书籍杂志报纸类目清退：
	（一）一般违规行为扣分累计达十二分；
	（二）严重违规行为扣分累计达十二分。
第四十四条	音乐影视明星音像类目，是供符合特定条件的淘宝卖家发布该类目所属商品的网络交易平台。
	卖家若同时满足以下条件，即可加入音乐影视明星音像类目：
	（一）普通卖家需具备《音像制品经营许可证》，代购卖家需提供境内网站代购账户等级信息及近一个月的代购订单信息；
	（二）未曾两次退出该类目。

图 6-6　特殊市场规则 1

卖家若发生以下任一情形，即被音乐影视明星音像类目清退：

（一）一般违规行为扣分累计达十二分；

（二）严重违规行为扣分累计达十二分。

第四十五条 保险类目，是供符合特定条件的淘宝商城卖家发布该类目所属商品的网络交易平台。

卖家若同时满足以下条件，即可加入保险类目：

（一）卖家为经营保险服务的国家级总公司；

（二）符合类目运营要求。

第四十六条 彩票类目，是供符合特定条件的淘宝卖家发布该类目所属商品的网络交易平台。

卖家若同时满足以下条件，即可加入彩票类目：

（一）卖家为省级以上彩票管理发行销售机构；

（二）符合类目运营要求。

第四十七条 淘宝旅行类目，是供符合特定条件的淘宝卖家发布该类目所属商品的网络交易平台。

卖家若同时满足以下条件，即可加入淘宝旅行类目：

（一）出售机票的卖家须具有中华人民共和国《企业法人营业执照》、中国民用航空局及各分局授予的销售终端ID号；

（二）出售机票的卖家须提供《中国民用航空运输销售代理业务资格许可证书》或《国际航协机票代理资格证书》，其中出售国际机票的卖家须提供一类资质证书；

（三）出售机票的卖家账户须通过支付宝商家认证；

（四）出售国际机票的卖家在支付宝账户中存入五万元保证金，出售国内机票卖家在支付宝账户中存入一万元保证金；

（五）出售机票的卖家未在近三个月退出机票类目；

图 6-7　特殊市场规则 2

（二）天猫店铺规则

（1）卖家必须满足以下条件，才有权申请加入淘宝商城：

第一，卖家持有完成有效年检的《企业法人营业执照》且拟在淘宝商城开展的经营活动不超过其《企业法人营业执照》核准的经营范围。

第二，卖家及其销售的商品符合《淘宝商城招商标准》。

第三，卖家有效签署《淘宝B2C服务协议》及其相关附属协议。

第四，卖家符合淘宝商城要求的其他条件。

（2）卖家若发生以下任一情形，淘宝商城有权清退：

第一，销售侵犯注册商标专用权的商品，或侵犯著作权的软件、出版物商品。

第二，未经商标注册人同意，更换其注册商标并将该更换商标的商品进行销售的。

第三，出售未经正常中国海关报关程序的境外商品。

第四，向淘宝商城提供伪造、编造的卖家资质或商品资料。

第五，其他侵犯知识产权且情节严重的。

第六，未达到淘宝商城的试运营考核或季度考核标准的。

（三）一般违规处理规则

会员发生违规行为的，其违规行为应当纠正，并扣以一定分值且公布三天。违规扣分在每年的12月31日24时清零。一般违规行为，是指除严重违规行为外的违规行为。会员因一般违规行为，每扣十二分即被处以店铺屏蔽、限制发布商品及公示警告十二天的节点处罚。

一般违规处理规则如图 6-8 所示。

（一）发布违禁信息的，淘宝对会员所发布的违禁商品或信息及因此产生的交易评价进行删除；

（二）侵犯知识产权的，淘宝对会员所发布的侵犯知识产权的商品或信息及因此产生的交易评价进行删除；

（三）盗用他人账户的，淘宝收回被盗账户并使原所有人可以通过账户申诉流程重新取回账户；

（四）泄露他人信息的，淘宝对会员所泄露的他人隐私资料的信息进行删除；

（五）骗取他人财物的，淘宝对用以骗取他人财物的商品或信息及因此产生的交易评价进行删除；

（六）滥发信息的，淘宝删除会员所滥发的商品或信息，或对出售同样商品的两家以上店铺中信用积分较低的副店进行关闭；

（七）虚假交易中通过不正当方式提高账户信用积分的，淘宝删除会员虚假交易产生的信用积分以及其两倍数量的其他信用积分，并下架店铺内所有商品；虚假交易中通过不正当方式提高商品销量的，淘宝删除该商品；

（八）描述不符的，卖家对商品材质、成分、品质等信息的描述与买家收到的商品严重不符，或导致买家无法正常使用的，淘宝删除该描述不符的商品；卖家未对商品瑕疵等信息进行披露或对商品的描述与买家收到的商品不相符，且影响买家正常使用的，淘宝下架该描述不符的商品；

（九）违背承诺的，卖家须偿还延迟发货所规定的赔偿款；履行如实描述义务或消费者保障服务规定的赔付、退货、换货、维修服务；或卖家须按实际交易价款向买家或淘宝提供发票；

（十）恶意评价的，淘宝或评价方删除该条违规评价；

（十一）不当注册的，淘宝查封使用软件、程序方式大批量注册而成的账户；

（十二）未依法公开或更新营业执照信息的，卖家公开或更新其营业执照信息。

图 6-8　一般违规处理规则

（四）严重违规处理规则

严重违规行为是指严重破坏淘宝经营秩序，并涉嫌违反国家法律法规的行为。严重违规处理规则如图 6-9 至图 6-12 所示。

第二节　严重违规行为

第六十五条　发布违禁信息，是指会员发布以下国家法律法规禁止发布的商品或信息的行为：

（一）发布以下商品或信息的，每次扣四十八分：

1、枪支、弹药、军火或相关器材、配件及仿制品；

2、易燃、易爆物品或制作易燃易爆品的相关化学物品；

3、毒品、麻醉品、制毒原料、制毒化学品、致瘾性药品、吸食工具及配件；

4、含有反动、破坏国家统一、破坏主权及领土完整、破坏社会稳定涉及国家机密、扰乱社会秩序，宣扬邪教迷信，宣扬宗教、种族歧视等内容或相关法律法规禁止出版发行的书籍、音像制品、视频、文件资料；

5、人体器官、遗体；

6、用于窃取他人隐私或机密的软件及设备；

7、正在流通的人民币、伪造变造的货币以及印制设备；

8、麻醉注射枪及其相关商品；

9、走私、盗窃、抢劫等非法所得；

10、可致使他人暂时失去反抗能力、意识模糊的口服或外用的化学品，以及含有黄色淫秽内容的商品、信息；

11、涉嫌违反《中华人民共和国文物保护法》相关规定的文物。

（二）发布以下商品或信息的，每次扣十二分：

1、管制类刀具及甩棍、弓、弩、飞镖等可能用于危害他人人身安全的管制器具；

2、卫星信号的地面收发装置；

3、伪造变造的政府机构颁发的文件、证书、公章或仅限国家机关或特定机构方可提供的服务；

4、未经许可发布的奥林匹克运动会、世界博览会、亚洲运动会等特许商品；

图 6-9　严重违规规则 1

（二）发布以下商品或信息的，每次扣十二分：

1、管制类刀具及甩棍、弓、弩、飞镖等可能用于危害他人人身安全的管制器具；

2、卫星信号的地面收发装置；

3、伪造变造的政府机构颁发的文件、证书、公章或仅限国家机关或特定机构方可提供的服务；

4、未经许可发布的奥林匹克运动会、世界博览会、亚洲运动会等特许商品；

5、赌博用具及作弊工具；

6、尚可使用的发票、其它可用于报销的票据以及此类票据的代开服务；

7、精神类、麻醉类、有毒类、放射类药品；

8、粉末、液态女性催情类商品；

9、国家保护动物的活体、肢体、皮毛、标本、器官及制成品，已灭绝动物与现有国家二级以上保护动物的化石；

10、身份证及身份证验证设备；

11、可能用于侵害他人信息的黑客软件、教程、书籍。

（三）发布以下商品或信息的，每次扣六分：

1、尚可使用的证券、政府发放的消费券及相应代购、推荐服务；

2、军警制服、标志及军警专用制品；

3、带有宗教、种族歧视的相关商品或信息；

4、有毒化学物、农药及相关信息；

5、烟草专卖品；

6、含有情色暴力低俗内容的漫画、书籍、游戏、音像制品以及SM用具、成人网站的账号及邀请码、原味二手内衣物、陪聊陪逛服务等情色低俗 商品或信息；

7、用于预防、治疗人体疾病的药物、血液制品或医疗器械；

8、个人隐私信息及企业内部数据；

图 6-10 严重违规规则 2

（三）发布以下商品或信息的，每次扣六分：

1、尚可使用的证券、政府发放的消费券及相应代购、推荐服务；

2、军警制服、标志及军警专用制品；

3、带有宗教、种族歧视的相关商品或信息；

4、有毒化学物、农药及相关信息；

5、烟草专卖品；

6、含有情色暴力低俗内容的漫画、书籍、游戏、音像制品以及SM用具、成人网站的账号及邀请码、原味二手内衣物、陪聊陪逛服务等情色低俗 商品或信息；

7、用于预防、治疗人体疾病的药物、血液制品或医疗器械；

8、个人隐私信息及企业内部数据；

9、国家保护的植物及其制品；

10、由不具备生产资质的生产商生产的或不符合国家、地方、行业、企业强制性标准的商品；

11、各类短信的群发设备及软件；

12、撬锁工具、开锁服务及其相关教程、书籍。

图 6-11 严重违规规则 3

（四）发布以下商品或信息的，每次扣两分：

1、可能用于逃避交通管理的商品；

2、未经许可的募捐类商品；

3、未公开发行的国家级正式考试答案等未被允许公开发行的书籍音像类制品；

4、发行时带有银行账户信息的银行卡；

5、非法软件或密码破解找回等非法网络服务；

6、特供酒、军需酒、自制酒；

7、用于全新销售的伪造变造的数码商品；

8、经权威质检部门或生产商认定、公布或召回的商品，国家明令淘汰或停止销售的商品，商品本身或外包装上所注明的产品标准、认证标志、成份及含量不符合国家规定的商品，过期、失效、变质的商品，以及含有**籽的食品、调味料、护肤品等制成品；

9、制作毒品、易燃易爆品的方法、书籍；

10、利用电话线路上的直流馈电发光的灯；

11、国家禁止的集邮票品以及未经邮政行业管理部门批准制作的集邮品，以及一九四九年之后发行的包含"中华民国"字样的邮品；

12、算命、超度、风水、做法事等封建迷信类服务；

13、一卡多号以及带破解功能的手机卡贴；

14、外挂、私服相关的网游类商品；

15、官方已停止经营的游戏点卡或平台卡商品；

16、虚拟抽奖类商品。

图 6-12　严重违规规则 4

（五）淘宝商城保证金/年费/费率标准

1. 保证金

商家在淘宝商城经营必须缴纳保证金，保证金主要用于保证商家按照淘宝商城的规则进行经营，并且在商家有违规行为时根据《淘宝商城服务协议》及相关规则规定用于向淘宝商城及消费者支付违约金。

（1）品牌旗舰店、专卖店：带有 TM 商标的 10 万元，全部为 R 商标的 5 万元。

（2）专营店：带有 TM 商标的 15 万元，全部为 R 商标的 10 万元。

（3）特殊类目说明：卖场型旗舰店，保证金为 15 万元；经营未在中国大陆申请注册商标的进口商品的专营店，保证金为 15 万元；"书籍/杂志/报纸""音乐/影视/明星/音像"及"演出/吃喝玩乐折扣券"类目不涉及品牌属性且无专卖店类型，故保证金收取方式为旗舰店 5 万元，专营店 10 万元；"网游及 QQ""话费通信"及"旅游"大类的保证金为 1 万元。

（4）保证金不足额时，商家需要在 15 日内补足余额，逾期未补足的，淘宝商城将对商家店铺进行监管，直至补足。

2. 年费

商家在淘宝商城经营必须缴纳年费。年费金额以一级类目为参照，分为 3 万元或 6 万元两档，各一级类目对应的年费标准详见《淘宝商城各类目费率年费一览表》。

（1）年费返还：为鼓励商家提高服务质量和壮大经营规模，淘宝商城将对技术服务费年费有条件地向商家返还。返还方式参照消费者动态评分（DSR）和年销售额两项指标，返还的比例为 50%和 100%两档。具体标准为协议期间（包括期间内到期终止和未到期终止，实际经营期间未满一年的，以实际经营期间为准）内 DSR 平均不低于 4.6 分，且满足《淘宝商城各类目费率年费一览表》中技术服务费年费金额及各档返还比例对应的年销售额。

（2）年费结算：提前退出的，因违规行为根据规则规定被清退的不返还年费；根据协议通知对方终止协议、试运营清退的，按照实际经营期间将全年年费返还政策均摊至自然月的方法来测算具体应当返还的年费；入驻头一个月的免当月年费，但是作为年底计算返固定年费的交易额基数则从开店第一天开始累计。

（3）跨类目入驻，就高原则，年费按最高金额的类目缴纳；但实际结算按入驻到结算日期，成交额占比最大类目对应的标准返还。

任务 4　选择电子商务第三方平台

一、任务导入

小丽家的网店生意蒸蒸日上，老爸扩大了规模，也招聘了一些农工来栽培蔬菜。随着业务的扩大，小丽家注册了一个专门的蔬菜配送公司，小丽也马上毕业了，就在自己公司做网络销售经理，为了将自家产品做得更好，小丽决定在天猫上销售自家的特色产品。小丽也知道天猫与淘宝店铺在经营理念和方法上还是有很大差别的，所以更加认真细心地做好每一项工作。由此也可见在中国开展电子商务，即在网上开店的时机已经趋于成熟，有眼光的商家已经或正在纷纷建立自己的网上商店。面对互联网的快速发展和市场的激烈竞争，如果一家公司到目前还没有制定出一个企业级电子商务战略，它在未来的市场营销多元化的发展中将损失相当大的竞争力。网上商店处处彰显其独特的优势，确实为企业带来了丰厚可观的利润。

二、任务分析

然而要做到真正轻松的网上开店却不容易，不仅依托网上商店平台（网上商城）的基本功能和服务，而且顾客主要也来自于该网上商城的访问者，因此，平台的选择非常重要。但用户在选择网上商店平台时往往存在一定的决策风险，尤其是初次在网上开店，由于经验不足以及对网店平台了解比较少等而带有很大的盲目性，这也为选择网店平台带来一定的困惑。到底适合企业和个人开店的平台有哪些呢？这是本任务所要讨论的问题。

三、知识百宝箱

（一）国内最大的 C2C 模式购物平台：淘宝网

（1）淘宝网（www.taobao.com）由阿里巴巴公司（中国）网络技术有限公司创立，创立之初就实施三年的免费政策，短短几年淘宝网迅速成长为国内 C2C 交易市场的排头兵，创造了互联网电子商务企业的发展奇迹。对于横空出世的淘宝网，eBay 总裁惠特曼曾预言它只能活 18 个月。然而时至今日，淘宝网反超了 eBay 易趣。2011 年上半年，淘宝网的注册用户规模已超过 eBay 易趣，其成交额上的优势将持续扩大。阿里巴巴公司凭借成功的营销策略，依托其在 B2B 市场的经验和服务能力，用亿元倾力打造。它希望以符合中国人交易习惯的灵活方式操作网上交易，旨在真正为中国人上网购物及交易提供一个优秀的电子商务平台。目前，我国网民的大部分网购商品首选购物网站则是淘宝网。淘宝网用户市场份额达 84.6%，处于绝对领先地位。

（2）淘宝网发展火热的原因。

第一，庞大的用户群体。中国是世界上人口最多的国家。中国网民每年以 8000 万左右的速度递增，中国拥有庞大的潜在网上购物的群体，大学生和上班族是淘宝网的主要消费人群。

第二，淘宝网经营成本低。经营风险低，只要你稍微懂电脑，再加上人勤快，就能开店。只要用心学，努力学，一定可以把网店做好。机会只留给有胆识、有想法、有自信的人。

第三，淘宝网支付宝，口号"因为信任，所以简单"。支付宝的推出，使得交易更加方便、安全、快捷，实现安全支付。支付宝的第三方凭证，让人们放心够买。支付宝目前已经与国内工行、农行、建行、招行、上海浦发银行等各大商业银行以及中国邮政、VISA 国际组织等各大机构建立了深入的战略合作，是金融机构在电子支付领域最为信任的合作伙伴，也是网购一族最喜欢使用的一种支付手段。支付宝作为现今最为流行的网络支付平台，是喜欢网络购物的人最为信赖的交易方式之一。

（3）淘宝网开店步骤。

若需要在淘宝上开设店铺出售商品、享受 VIP 会员特权，都需要先进行实名认证。申请实名认证流程：

1）进入"卖家中心"点击"我要开店"或"免费开店"，在"开店认证"处点击"开始认证"，如图 6-13 和图 6-14 所示。

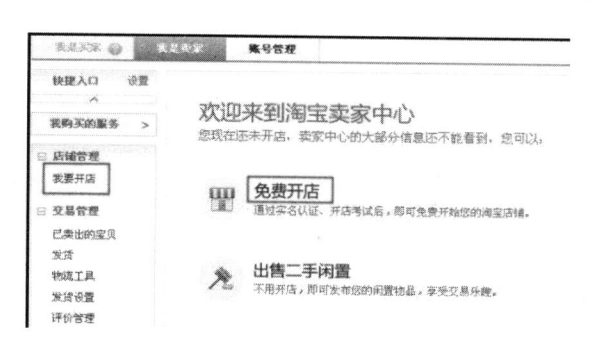

图 6-13　卖家中心后台

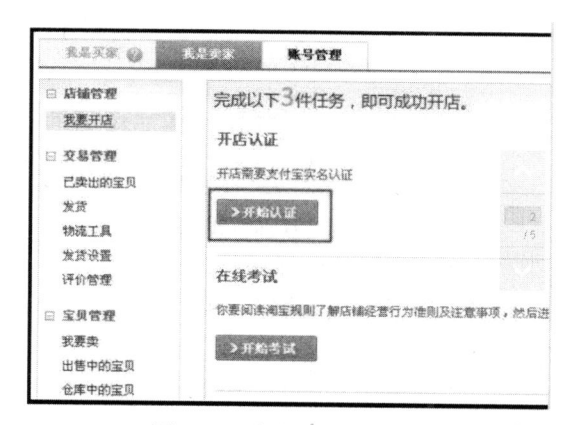

图 6-14　实名认证第一步

2）点击"开始认证"来完成"支付宝实名认证"和"淘宝身份信息认证",如图 6-15 所示。

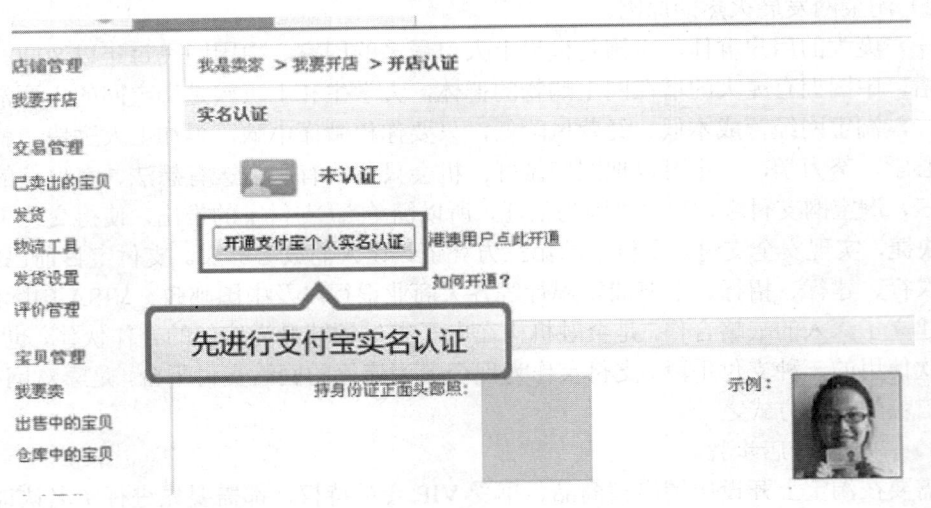

图 6-15　支付宝实名认证

3）打开认证方式选择页面,淘宝卖家可以采用快捷认证和使用银行汇款认证,如我们选择银行汇款认证,如图 6-16 所示。

图 6-16　认证方式选择

4）填写个人信息及上传身份证原件扫描件或数码照片,单击"下一步"按钮,如图 6-17 所示。

5）填写银行卡账户信息,单击"下一步",如图 6-18 所示。

项目六　电子商务应用——网上开店

图 6-17　上传个人信息

图 6-18　提交银行卡信息

6）确认相关信息填写无误后提交，单击"确认信息并提交"按钮，如图6-19所示。

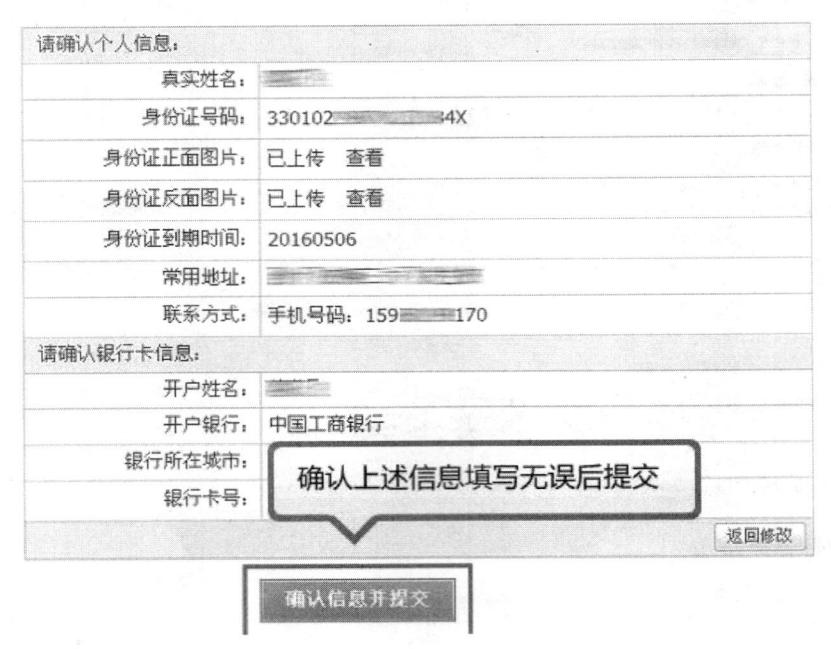

图 6-19　确认信息并提交

7）提交认证成功，等待支付宝给认证的银行卡内汇款，如图6-20所示。

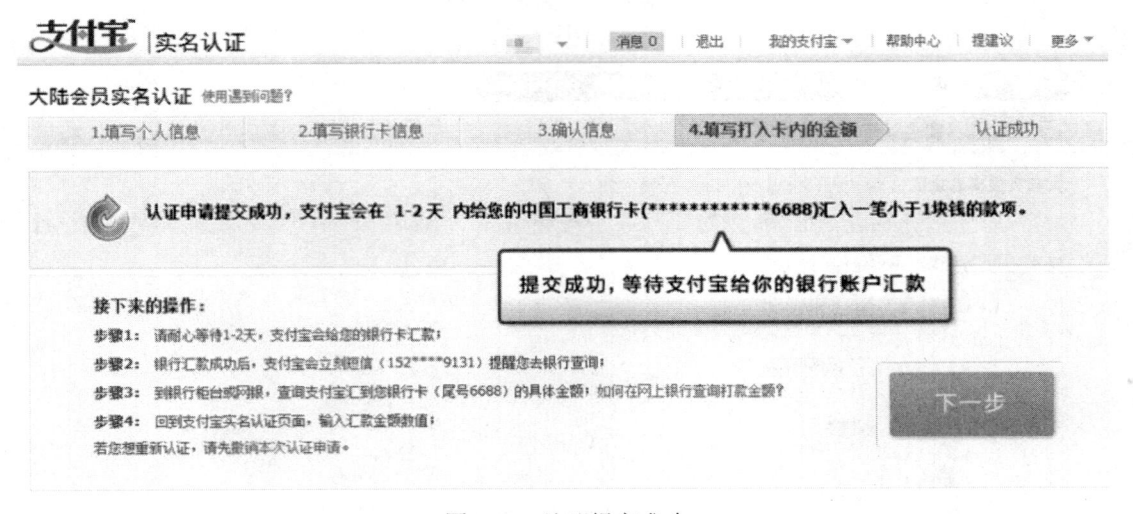

图 6-20　认证提交成功

8）通过审核后，认证页面会出现"输入打款金额"的按钮，点击进入，如图6-21所示。

图 6-21　支付宝已汇款

9）输入支付宝给银行卡内汇入的金额，完成认证，如图 6-22 所示。

图 6-22　输入汇款金额

10）单击"查看详情"按钮继续完成"淘宝身份信息认证"，如图 6-23 所示。

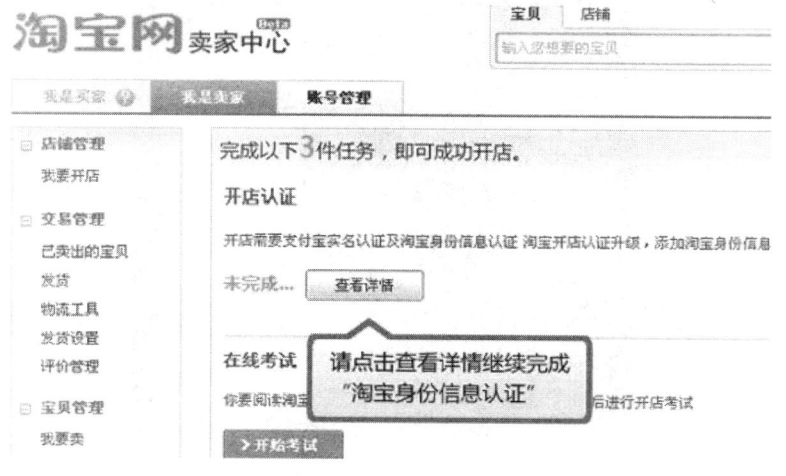

图 6-23　淘宝身份认证

11)"淘宝身份信息认证"需要提交一张手持身份证正面头部照和一张上半身照,点击上传,如图 6-24 所示。

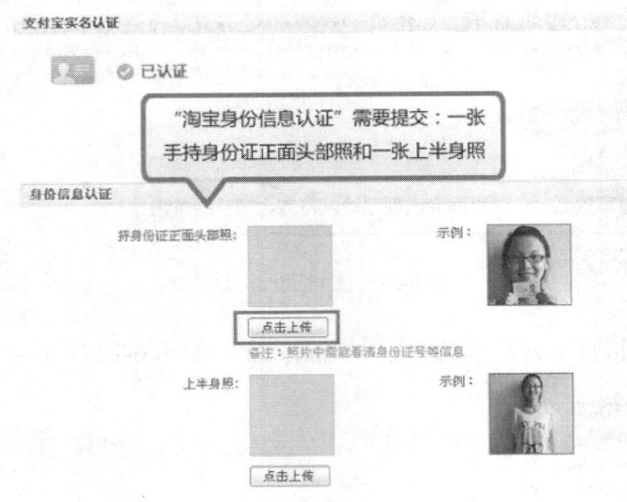

图 6-24　上传身份证信息

12)提交成功后淘宝会在 1 个工作日内完成审核,审核通过后页面会显示"已认证"。

(二)微店

(1)微信小店(微店)是为了丰富微信支付场景而扩展的新功能,具备添加商品、商品管理、订单管理、货架管理、维权等多种功能。开发者还可使用接口批量添加商品,实现快速开店。已接入微信支付的认证服务号,可在服务中心中申请开通微信小店功能。

(2)微店申请流程。

1)在自己的智能手机中下载微店应用程序,进行安装;安装完成之后,点击打开微店,选择注册(一般在智能手机的 360 手机助手中搜索微店下载即可),如图 6-25 所示。

图 6-25　安装微店软件

2）打开微店页面，如果已有微店账号直接登录，如果没有就注册账号，如图 6-26 所示。

图 6-26　微店注册账号

3）设置密码后，使用手机号加密码登录微店，如图 6-27 所示。

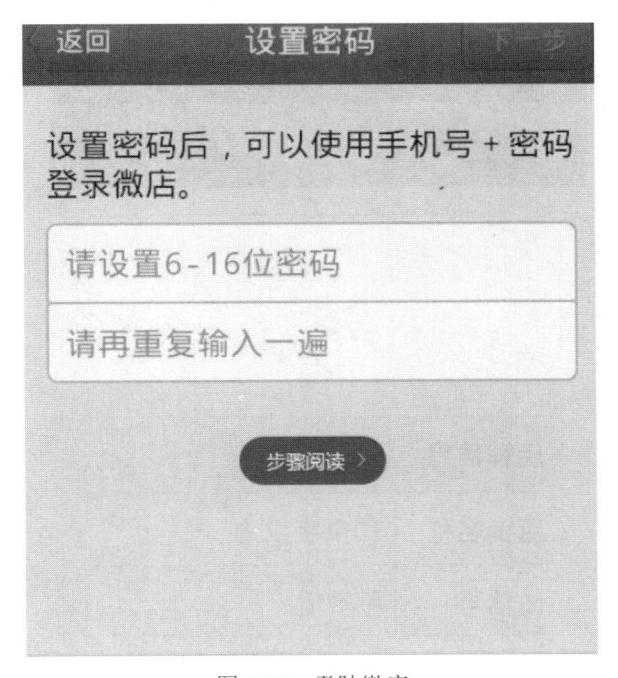

图 6-27　登陆微店

4）填写自己的手机号码并设置密码，输入相关注册信息，进行实名认证，这样以后才能提现，如图 6-28 所示。

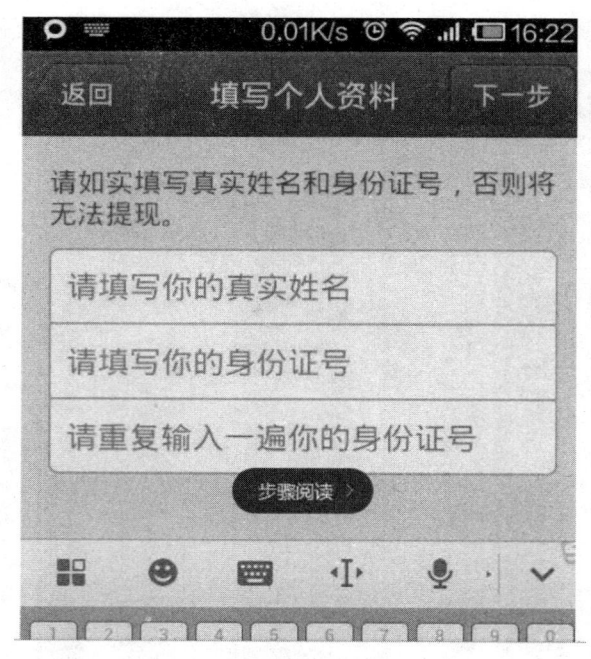

图6-28 设置相关信息

5）输入店铺名称、店铺图标，也可以绑定微信号，完成创建店铺，如图6-29和图6-30所示。

图6-29 完善店铺信息

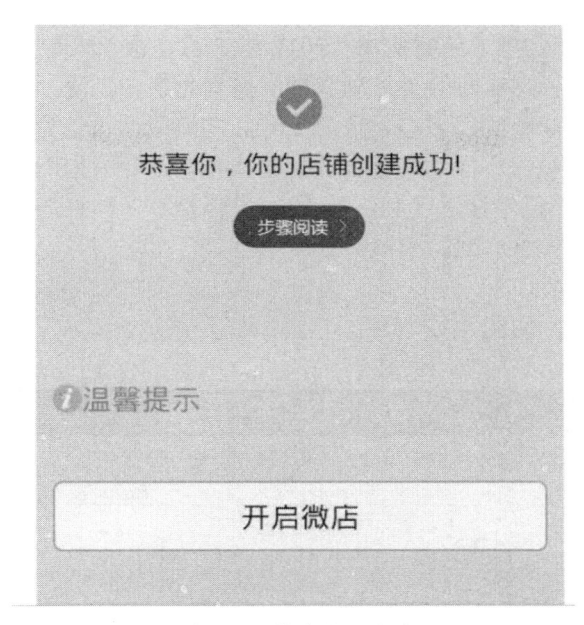

图 6-30　微店注册成功

6）登录微店之后，就对自己的微店进行管理，出售物品、收款等，如图 6-31 所示。

图 6-31　微店基本管理

（三）1 号店

（1）1 号店是电子商务型网站，2008 年 7 月 11 日，1 号店正式上线，开创了中国电子商务行业"网上超市"的先河。公司独立研发出多套具有国际领先水平的电子商务管理系统并拥有多项专利和软件著作权，在系统平台、采购、仓储、配送和客户关系管理等方面大力投入，打造自身的核心竞争力。以确保高质量的商品能以低成本、快速度、高效率的流通，让顾客充分享受全新的生活方式和实惠方便的购物。2011年5月,会员人数突破800万,保持月增长率至少30%。1号店每天有70万的会员浏览量,拥有北京、上海、广州、武汉及成都五大仓储中心和30个城市的100个配送中心。目前1号店物流成本占销售额的3%~4%,仍高于第三方物流的成本。1号店模式不能实现更低的运营成本,主要因为1号店的配送成本和推广成本就占了销售额的14%,已经接近毛利。3%的客户转换率(即来访客中有多少百分比会下单购买)高于业界平均水平1%~2%。

(2) 1号店开店流程。

1) 打开1号店首页,如图6-32所示。

图6-32　1号店首页

2) 注册会员,如图6-32所示。

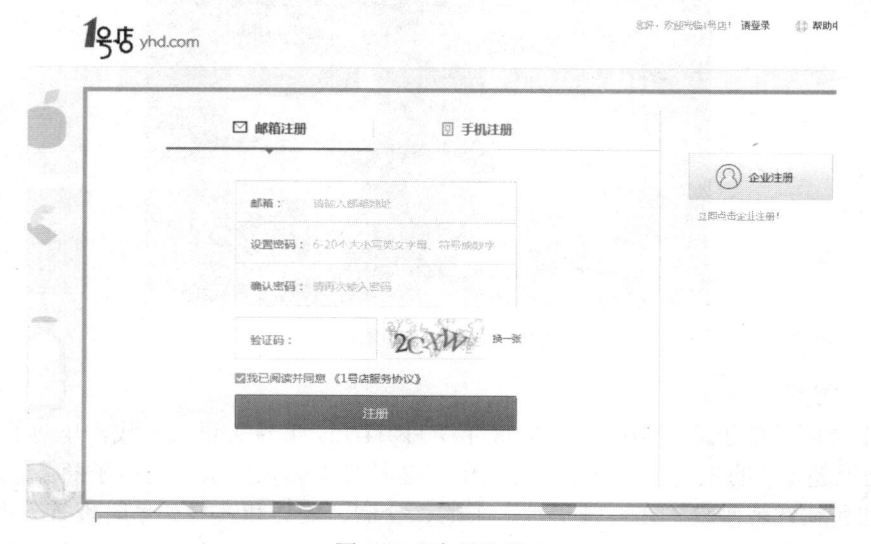

图6-33　会员注册

3）提交商家信息，入驻申请。
①核对资质信息：商家先确认符合1号店入驻资质标准。
②提交入驻申请：商家按照邮件要求将入驻申请发送到各类目负责人邮箱。
③双方沟通：1号店招商负责人会对商家进行初步审核，第一时间给予入驻结果反馈并与商家取得联系。
④确认合作意向：招商负责人会与商家就合作条款、要求等进行沟通，双方确认合作意向。
4）合同签订。
①发送合同：招商负责人快递正式版合同到商家处。
②提交合同资质：商家按照要求签订合同并提交相关资质文件到1号店相关招商负责人。
③资质合同审核：1号店相关部门审核合同与资质文件。

【项目总结】

本项目通过理论与实际操作结合的方法，让读者充分了解目前最受卖家欢迎的开店平台，掌握各种平台的开店流程和步骤，并具备各种平台开店的能力。

【职业技能训练】

一、填空题

1．网店是能够通过各种_____进行支付完成交易全过程的网站。网店具有方便快捷、_____、不易压货、_____形式多样等特点。

2．目前在网络上销售的产品，按照产品性质的不同，可以分为_____和_____两大类。

3．制定淘宝规则的目的是促进_____新商业文明，保障_____合法权益，维护淘宝网正常经营秩序，根据_____及_____制定的规则。

4．会员因一般违规行为，每扣_____分即被处以店铺屏蔽、限制发布商品及公示警告_____天的节点处罚。

5．微店具备添加商品、_____、订单管理、_____、维权等多种功能。

二、判断题（正确的打"√"，错误的打"×"）

1．理论上网上可以销售任何产品，但是由于受到各种因素的影响，实际上并不是所有商品都适合在网上销售。（　　）

2．只要年满18周岁，就可以在网上开店。（　　）

3．网店店铺可以进行转让、转租、买卖。（　　）

4．微店是智能手机和信息化发展的结果，是一种新的电子商务模式。（　　）

5．随着社会的发展，网店将会逐步完全取代实体店。（　　）

参考文献

[1] 马兰，王常华．网店运营与管理．北京：中国传媒大学，2011．
[2] 淘宝大学．电商运营．北京：电子工业出版社，2012．
[3] 徐敏，王蓓．电子商务实务项目教程．北京：化学工业出版社，2010．
[4] 赵林度．供应链与物流管理．北京：机械工业出版社，2007．
[5] 胡雷．电子商务项目式教程．北京：人民邮电出版社，2011．
[6] 汤云．电子商务实践教程．北京：人民邮电出版社，2011．
[7] 李洪心．电子商务案例．2 版．北京：机械工业出版社，2010．
[8] 汪华林．客户关系管理．北京：经济管理出版社，2012．
[9] 淘宝网．http://www.taobao.com．
[10] 百度．http://www.baidu.com．
[11] 阿里巴巴中国站．http://www.1688.com．
[12] 当当网．http://www.dangdang.com．
[13] 京东．http://www.JD.com．
[14] 拍拍．http://www.paipai.com
[15] 圆通速递．http://www.yto.net.cn．
[16] 淘宝大学．http://daxue.taobao.com．
[17] 百度文库．http://wenku.baidu.com．